Alain Pelosato

La saga
Alien
généalogie filiation cousinade

Le musée de HG Giger

sfm éditions

Table des matières

Introduction 5

Interviews 9
Ridley Scott 9
Tom Skerritt 12
Veronica Cartwright / Lambert 15

Les créateurs 21
Val Guest le grand-père 21
Christian Nyby le père 21
Mario Bava, le grand-oncle 22
Hans Ruedi Giger accoucheur 22
Ridley Scott le réalisateur 25
Dan O'Bannon le scénariste 26
Ronald Shusett coscénariste 27
Quels sont les autres réalisateurs qui ont contribué à cette saga ?
.... 29
John Carpenter, ... 29
James Cameron, ... 33
David Fincher, ... 35
Paul William Scott Anderson, ... 35
Matthijs van Heijningen Jr., ... 35
Colin et Greg Strause, ... 36

Aliens : généalogie cinématographique 37

Allez ! 39

Construisons l'arbre généalogique de la famille Alien au cinéma. 39

Alien cousinades 65

Filmographie extraterrestre 91

Index 95

Le space-jokey

© Alain Pelosato 2019
sfm éditions
ISBN 9782915512304
978-2-915512-30-4
Dépôt légal février 2019

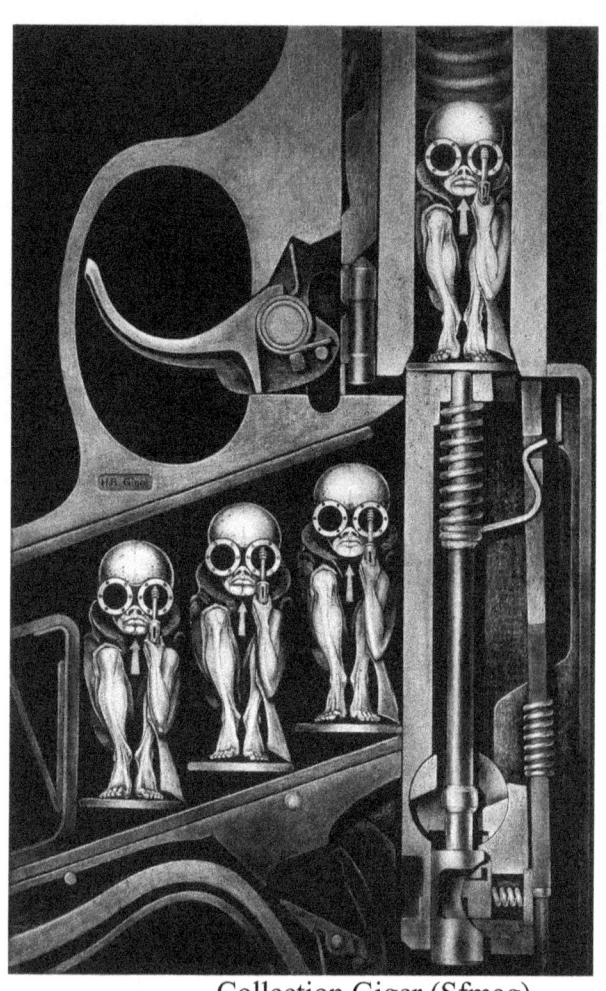

Collection Giger (Sfmag)

Introduction

La guêpe !
Eh oui, certaines guêpes nourrissent leur larve de manière cruelle (de la famille des *Sphecidae*). Elles paralysent leur victime (une chenille ou un autre insecte, même une araignée, mais c'est plus facile avec une chenille) la déposent dans leur nid (parfois une cavité creusée dans un sol sableux) et pondent leurs œufs sur ou à l'intérieur même de la pauvre victime vivante, mais paralysée, et quand les œufs éclosent, les larves dévorent petit à petit la proie...

Voilà le processus naturel qui a été utilisé par les concepteurs de la série de films *Alien* pour créer la terreur envers une créature venue d'ailleurs. En fait, ce genre de terreur existe sur notre bonne vieille Terre, mais nous n'en sommes pas les victimes.
Dans Alien, cette espèce d'insecte géant aux dents acérées et à la double bouche, semble avoir pour unique proie les êtres humains.
En fait, non, puisque le film *Prometheus* développe l'histoire du *Space Jokey* entrevu dans le début du film *Alien, le 8ᵉ passager*. Et aussi un chien dans *Alien³*.
Mais pour l'essentiel, dans ces films c'est nous qui leur servons de base de reproduction. Le concepteur de cette machine à se reproduire à nos dépens utilise une phase intermédiaire : une « reine » pond des « œufs » qui contiennent une bestiole pleine de pattes qui plonge

sur vous enroule un tentacule autour de votre cou et enfonce un rostre dans votre trachée où elle pond un œuf qui va éclore dans votre poitrine et en sortir en cassant tout, côtes, muscles et peau ; et ça fait très mal !
Le **face-hugger** est cette sale bestiole à la vie très courte qui enfile dans la poitrine de ses victimes l'œuf (ou la larve, c'est comme vous voulez…) qui va enfanter le **chest-burster**, le petit monstre qui sort très brutalement de la poitrine de la personne (ou du **space-jokey**, vu brièvement dans le premier film).

Cette fiction qui s'appuie sur un phénomène naturel n'est pas nouvelle. Je me souviens d'avoir lu dans la prestigieuse collection Fleuve Noir de SF, dans les années cinquante, un roman qui raconte la rencontre d'un spationaute avec une espèce d'alien qui utilise ce mode de reproduction sur une planète lointaine. Mais je ne me souviens plus du titre de ce roman.

Voici donc la saga Alien.
Elle a eu des ascendants, et aussi de très nombreux descendants et de très nombreux cousins à divers degrés…

"Prometheus" Ridley Scott et Noomi Rapace

Interviews

Interviews réalisées par **Marc Sessego** et publiées dans science fiction magazine.
Extraits.

Ridley Scott

27 mars 2017

SFMAG : Peut-on dire que le film rappelle plus Alien qu'il ne rappelle Prometheus ?
RS : Oui, juste que l'évolution va beaucoup plus au-delà de ce qui est présenté dans Alien. L'original était bien dans le sens que c'était l'histoire basique de 7 personnes bloquées dans la vieille maison sombre et qu'ils vont tous mourir. Je crois qu'il n'y a rien de plus B movie que ça. Mais les B movies ont cette capacité de s'élever en qualité de manière spectaculaire quand ils sont bien faits. J'ai toujours vu Alien en tant que film de série B au casting exceptionnel et au monstre trois étoiles. Nous avons pris tout cela, nous l'avons élevé à un certain rang du film d'horreur et nous sommes toujours là, de nos jours, à faire ces films. Donc la preuve est dans le pudding (Expression typique

anglaise, ndlr). Dans Alien ils pensent détecter une transmission qui peut être d'origine extra-terrestre. De la même manière sur Covenant ils reçoivent un signal et ils doivent investiguer. Et ce pourrait être en fait un cri à l'aide. Mais les transmissions peuvent être dangereuses, car elles peuvent cacher un piège. Quelles sont les sirènes sur les rochers ? A ce moment, ils pensent qu'un être humain a mis ces signaux et c'est effectivement vrai. Cependant et à cause de la détérioration de l'image, ils ne peuvent déterminer si c'est mâle ou femelle. C'est très mystérieux.

SFMAG : Vouliez- vous vraiment faire écho à Ripley à travers le personnage de Katherine Waterston / Daniels ?
RS : Oui, nous voulions continuer la tradition d'avoir une femme dans rôle principal, mais ce concept- là n'est plus nouveau. J'ai fait GI Jane, j'ai fait Thelma et Louise. J'en ai fait quelques-uns. Je n'ai jamais pensé que ce soit particulièrement remarquable d'avoir Sigourney Weaver dans le rôle principal pour Alien. Je me suis dit : pourquoi pas ? Bonne idée !! Allons-y". La même chose avec Katherine. Cela m'a semblé normal de continuer la tradition. Particulièrement du fait que ce vaisseau transporte des gens comme dans l'ancien temps - traverser l'atlantique en quête d'un monde meilleur, explorateurs et colonisateurs. Si vous décidez d'aller dans l'espace profond,

vous ne rentrerez jamais. Vous serez sur un vaisseau pendant 20 ans avant d'arriver à destination. Et vous devrez tout recommencer à zéro, vous aurez besoin de couples pour former à nouveau une population. Donc nous en avons fait des couples mariés. Il y a aussi 2000 âmes à bord du vaisseau dans des chambres de cryogénisation où il y a des embryons. Nous pouvons
maintenant congeler des éléments embryonnaires. Nous savons comment cela fonctionne.

SFMAG : Quelle est la différence entre l'équipage du covenant et celle du nostromo dans Alien ?

RS : Eh bien en 1979 nous parlions d'un vaisseau de fret qui allait de planète en planète pour la présence de minerai et revenait avec une cargaison de valeur. L'équipage du nostromo était fait de travailleurs en ce sens. Celui du covenant est constitué de scientifiques, de biologistes, de constructeurs et d'électriciens. Et de plus ils ont tous été choisis pour bien s'entendre. Tous ceux qui ont été acceptés à bord sont à l'image des pionniers des premiers wagons vers l'Amérique, pouvant tous se débrouiller par eux même et en même temps faire partie de la même structure. Car quand ils vont arriver ils vont tous être voisins. Et comme ils le disent dans le film, "nous allons être voisins - et des voisins feraient mieux de s'entraider".

SFMAG : Est-ce plus difficile de choquer un public de nos jours qu'en 1979 ?

RS : C'est beaucoup plus dur. D'une manière très bizarre, c'est plus facile de faire rire les gens. La plupart des comédiens diraient " Fuck you ce n'est pas vrai". Mais c'est vrai, j'ai fait les deux. Si vous voulez vraiment déranger et vraiment foutre la trouille en tant que divertissement c'est vraiment compliqué. Il y a tellement de films noirs, cruels, sombres à l'heure actuelle. Il faut faire très attention à cela. Vous avez une responsabilité en tant que réalisateur. J'avais l'habitude de voir les réactions du public, sur Alien et je me suis rendu compte qu'on ne peut aller que jusqu'à un certain point avec la violence. Vous devez vraiment penser à qui vous allez le montrer et si ce que vous montrez est d'une certaine manière dérangeant ou non ? J'essaie de ne pas faire dans le "dérangeant", mais justement dans la peur.

Tom Skerritt

6 décembre 2017

Printemps 1978... Dans les studios Shepperton de Londres se tourne « ALIEN » de Ridley Scott. Pour les 40 ans du film, retour en arrière sur le tournage, les acteurs, son réalisateur et avec Tom Skerritt, l'inoubliable interprète du capitaine « Dallas ».

SFMAG : La question à 10.000 : Parlez-nous de la célébrissime scène du « chestburster" »...

TS : J'ai suivi Ridley sur le tournage pour voir son approche et voir comment il faisait avec les producteurs pour tout anticiper, surtout quand il sentait qu'il pourrait y avoir un problème, un délai et surtout un souci de temps… en fait, je les ai regardés mettre la scène en place, j'ai vu les gars arriver avec des litres d'entrailles de vaches (il éclate de rire), qui provenaient de la boucherie du coin, j'imagine, et je me suis dit « Bon Dieu c'est trop vrai », donc j'ai vraiment tout vu sur la préparation de la scène. Comment les gars des effets spéciaux ont poussé le monstre à travers le faux corps de John Hurt, j'ai vraiment été celui qui a tout vu et tout observé et croyez moi quand ça a été fait, c'était ahurissant. Le regard de chacun des autres acteurs était incroyable, en plus on avait plusieurs caméras qui filmaient la scène sous différents angles… cette scène a un effet dingue !

SFMAG : Que pensez-vous vous-même du concept de L'Alien ?

TS : J'ai rencontré l'artiste HR Giger, au tout début du film, et c'était un homme très intéressant. J'ai vu son travail et je me suis dit ce n'est pas « happy time ». Quelque part c'était très attrayant, et pour moi très tôt dans ma vie je me suis rendu compte que la vie était faite de challenges, c'est vraiment un film où je suis allé tête baissée, le faire, être dedans, observer Ridley, lui aussi était d'accord et me disait que la vie est un challenge tous les jours, et que si vraiment vous y allez et vous vous accrochez vous ne perdez pas. Que vous réussissiez ou non, vous avez gagné quelque chose, vous avez toujours appris quelque chose. C'est un processus d'apprentissage. Quand vous travaillez avec quelqu'un comme Ridley ou Tony ou Hal Ashby, avec qui j'ai eu une collaboration très proche, vous voyez que dans beaucoup de situations l'on approche les choses en tant que challenge. Ils ont tous en commun la possibilité créative de faire quelque chose de ce challenge, mais il faut juste l'attaquer, se lancer. « Alien » entre dans cette même sensibilité. On attend trois jours pour tourner un truc, car cela prend ce temps-là pour le préparer, mais à la fin vous avez un film spécial. Vous savez il y a beaucoup d'humanité quand on parle de tout cela.

SFMAG : Avez-vous un souvenir spécial du film ?

TS : Il y en a plusieurs et croyez-moi souvent l'humour m'a aidé à sortir de cinquante ans de situations extraordinaires. Un jour j'allais travailler un peu tard et je suis arrivé au studio à peu près à l'heure du déjeuner, et les portes du plateau s'ouvrent, et je vois des membres de l'équipe aller déjeuner... arrive Bolaji Badejo, ce gars très grand de 2,19 mètres tout habillé en créature « Alien ». C'était en fait un étudiant qu'ils ont trouvé pour jouer le rôle et il parle avec une costumière d'environ 1,75 mètre, et ils sont en train de parler chiffres : il porte des chaussures bleues Adidas, et la queue est derrière lui portée par un des autres gars du département costume et ce gars qui porte la queue a son écharpe qui vole au vent. C'est un de ces moments où je me dis « Bon

Dieu si j'avais un appareil photo ! », car je ne vous dis pas la scène… (Il éclate de rire

Veronica Cartwright / Lambert

26 novembre 2018

Après Tom Skerritt c'est au tour de Veronica Cartwright de nous livrer ses souvenirs sur le tournage du film de Ridley Scott ainsi que certains de ses secrets. Retour 40 ans en arrière sur le tournage « d'ALIEN ».

SFMAG : Vous aviez été castée pour le rôle de Ripley puis Ridley Scott vous a rétrogradée en Lambert. Cela a dû être un choc….
VC : Je suis allée à plusieurs interviews à Fox et j'ai auditionné pour le rôle de Ripley et puis j'ai dû me rendre en Angleterre et j'ai demandé à mon agent si je pourrais également auditionner là-bas, car le rôle n'était pas encore casté, donc j'y suis allée et j'ai auditionné pour Ripley. Puis je rentre aux États-Unis et on m'apprend que j'ai le rôle, il y a les négociations et je suis repartie en Angleterre et le département costume m'appelle pour vérifier des costumes pour Lambert. Mais je leur dis que ne joue pas Lambert je joue Ripley.
SFMAG : Ce n'est pas possible….
VC : Et on me répond non, vous êtes Lambert. Je n'avais même pas lu le script de ce point de vue, je dois relire le script et vous vous rappelez, car si je me souviens bien la seule chose

qu'elle fasse c'est de pleurer. J'ai relu le script, j'étais très déçue, car Ripley était le seul rôle pour lequel j'avais auditionné, alors je me suis assise et je me suis mise à penser et j'ai parlé aux producteurs, ils m'ont dit que Lambert en fait représente le public. Si vous y pensez, Lambert est la seule personne logique de toute l'équipe. Vous savez : « Tirons à la courte-paille et fichons le camp de ce vaisseau », que faisons-nous, nous courons en rond comme des fous. Et pourtant, elle est très émotionnelle sur la situation, elle était presque à risquer sa vie ainsi que celle d'autres personnes pour ficher le camp du vaisseau. C'est très intéressant quand vous voyez les scènes coupées, il y en a onze en tout, et je me disais « Ça y est vous la voyez ». Elle est vraiment la plus logique de toutes. On peut dire que mon personnage exprime la peur du public. Nous sommes là à nous dire « Partons du vaisseau », vous savez ça a au fond très bien marché, mais j'ai appelé mon agent et je lui ai dit « Je ne joue pas Ripley », et il me dit « Si », et non je ne la jouais pas. Puis Sigourney est arrivée environ trois jours après, tout le cast était là et nous avons tous lu le script ensemble, il y a eu beaucoup de décisions sur les costumes, il y avait des choix très étranges de costumes, et j'avais l'impression d'être un cochon d'Inde à essayer tous ces machins. (On éclate de rire....) En plus il y avait ma coiffure... Je sortais de faire « l'Invasion des profanateurs de sépultures », et ma chevelure était vraiment longue, elle tombait au milieu de mon dos, je me suis assise six heures sur une chaise où ils ont coupé et coupé, puis Ridley est arrivé cela n'allait toujours pas et il a dit, « coupez-lui les cheveux ! » Et je leur ai dit «Hé les gars attention il faut que je sorte après le travail ! » et je suis retournée voir la coiffeuse et je lui ai demandé de couper au moins à la bonne taille partout. L'acteur qui devait à l'origine jouer le rôle de Kane, John Finch, venait de sortir de l'hôpital, car il avait eu une pneumonie et durant le premier jour avec les réacteurs qui fonctionnaient mal, et, en ce temps-là, les mesures de sécurité étaient différentes sur le système de fumée, il y avait vraiment des choses dans l'air que vous ne pouviez pas respirer. John Finch a dû retourner à l'hôpital et il a été remplacé par John Hurt. Quand je suis rentrée aux États-Unis, j'avais évidemment une chevelure et une coupe bizarre, et tout le monde m'a demandé pourquoi j'avais fait ça à mes cheveux...

SFMAG : la question à 10.000 : Le Chestbuster...

VC : Il n'y avait aucun effet spécial. C'était juste John Hurt recouvert d'un cou en plâtre, d'un tee-shirt, et toute sa poitrine était pleine de boyaux et je ne sais trop quoi de la boucherie locale, et ils en avaient des seaux et des seaux : nous attendions au-dessus le temps que tout cela soit prêt à être filmé, car nous savions exactement ce qui allait se passer. Tout le monde passait le temps comme il le pouvait, et environ quatre heures plus tard on nous a appelés pour nous dire que tout était prêt. Toute l'équipe portait des protections en plastique, et on se demandait tous ce qui se passe pour une telle mise en scène. John était allongé sous la table, et on m'a dit que j'aurais un peu de sang sur moi, je n'en avais pas vu, ni même avant le plan, donc on démarre et ils ont quatre caméras pour avoir tout le monde. C'était vraiment l'affaire d'une seule prise. Nous avons commencé à tourner la prise, et quelque chose commence à bouger en dessous de la poitrine de John, une marionnette, et honnêtement toute l'équipe, nous étions complètement fascinés par ce qui se passait. C'était vraiment une prise pas deux. Les scènes intermédiaires et ce qui se passe sur cette prise sont vraiment hystériques. La scène a pris toute la journée, mais ce n'était qu'une seule prise en tout.

SFMAG : la scène la plus compliquée pour vous à tourner ?

VC : la scène de la mort. Vous savez ce qui est fou, c'est que Bodaji a fait du mime, du tai-chi, et il pouvait vraiment s'enrouler comme une balle. Et cet homme est vraiment très grand, deux mètres huit, il porte un énorme costume, et je devais juste le regarder. Bodaji devait juste se dérouler et tout d'un coup il apparaissait et il restait là. Et puis il avance un peu, j'ai honnêtement juste regardé ce qu'il faisait. Cette scène nous a pris cinq jours. Finalement, nous n'avons jamais tourné la fin qui se trouve dans le script, et je me demandais ce qui allait se passer et quand nous allions la tourner... On m'a installé sur cette espèce de crochet, mais on n'a jamais tourné ma mort... Quand le film est sorti on m'a demandé ce que cela faisait de voir cette queue venir vers vous entre vos jambes, et si vous regardez bien juste pour la fin je porte des chaussures de tennis alors que je porte des bottes de cowboy pendant tout le film, là j'étais vraiment furieuse. Nous n'avons en fait jamais tourné ma fin. Normalement je vais vers mon vestiaire, et là la queue apparaît et la fait tomber et tirer par terre. Mais nous ne l'avons jamais tourné.

H.G. Giger

Les créateurs

Val Guest le grand-père

né le 11/12/1911 et décédé le 10/05/2006. Le réalisateur du film **Le Monstre** (1955), premier de la série des trois films *The Quatermass Xperiment : toujours avec le professeur Quatermass : en 1957 La Marque de Val Guest et en 1967 : Les Monstres de l'espace par Roy Ward Baker. Dans tous ces films on rencontre l'ambiance de l'œuvre de Lovecraft.*
Il a réalisé de très nombreux films.

Christian Nyby le père

né le 1er septembre 1913, mort le 17 septembre 1993.
C'est le réalisateur du film **La Chose d'un autre monde** (1951), bien que certains persistent à affirmer que c'est Howard Hawks, le producteur, qui aurait réalisé ce film. Mais absolument rien ne le prouve, sauf supputations.
Il a également réalisé un épisode de la série *La Quatrième dimension* (1962) et quelques autres films, dont certains ne sont jamais sortis en France.

Mario Bava, le grand-oncle

Le réalisateur de l'expressionnisme de couleurs qui a beaucoup influencé Dario Argento.
Il a réalisé le film qui a inspiré Dan O'Bannon pour son scénario d'*Alien, le 8e passager* : *La Planète des vampires* (1965).
Il a signé beaucoup des films fantastiques, dont son chef-d'oeuvre absolu : *Le Masque du démon* (1960)
Hercule contre les vampires (1961) – Le Corps et le fouet (1963, sous le pseudonyme de John Old) – *Les Trois visages de la peur* (1963) – *Six femmes pour l'assassin* (1964) —...

Hans Ruedi Giger accoucheur

Né le 5 février 1940, mort le 12 mai 2014
C'est lui qui a créé le monstre !
Marc Sessego a réalisé pour Sfmag un reportage sur son musée en Suisse. Les illustrations sont tirées de ce reportage.
Comme l'écrit Emmanuel Collot dans ce dossier de Sfmag : « (...) c'est avec un film comme *Alien* de Ridley Scott (1979) que le talent de Giger s'internationalisera pour toujours et s'ancrera durablement dans l'imaginaire collectif. Jusqu'ici, le monstre au cinéma demeurait entre le costume de foire des serials bon marché et les techniques de l'animation en volume ou « Dynamation » du grand Ray Harryhausen. Ce que Giger inventera c'est une véritable présence de l'étranger, ce cet extraterrestre comme d'un

adversaire fondamental et imparable pour l'homme. Mais en des formes et expressions jamais vues au cinéma auparavant. Ce que Giger invente définitivement c'est un visage pour l'indicible. Art qu'il poursuivra dans l'élaboration remarquable de la créature féminine prédatrice du film « La mutante » (Species) de 1995.

Depuis le 20 juin 1998, il existe un musée H. R. Giger dans le bourg médiéval de Gruyères en Suisse.

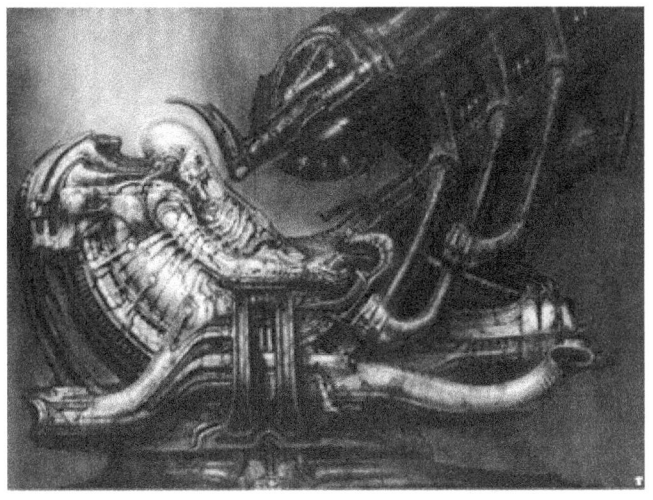

H.G. Giger

Ridley Scott le réalisateur

Né en 1939. Ce n'est pas un spécialiste du fantastique, mais il a réalisé deux chefs-d'œuvre dans ce domaine, films qui feront date dans l'histoire du cinéma fantastique. Il a réalisé et produit de nombreux films, dont ceux de la liste qui suit et qui sont liés au sujet de ce livre.

Alien (1979) Un monstre, véritable machine à tuer, est introduit dans un vaisseau spatial. Gare à la bête !
Blade Runner (1982). Les répliquants ne sont autorisés à vivre que quatre ans. Ils exigent plus. Au blade runner d'exterminer les récalcitrants. Mais, n'est-il pas un répliquant lui-même ?
Legend (1985). Conte médiéval à la mode héroïc Fantasy.
*Hanniba*l (2002)
Prometheus (2012) La préquelle d'*Alien le 8e passager* ?
Seul sur Mars (2015) Robinson Crusoë sur Mars.
Alien : Covenant (2017) Une suite de *Prometheus*.

Dan O'Bannon le scénariste

Scénariste et réalisateur américain, né le 30 septembre 1946 à Saint-Louis, dans le Missouri et décédé le 17 décembre 2009 d'une maladie de Crohn à Los Angeles en Californie.
Scénariste
1974 : Dark Star, de John Carpenter
1979 : Alien, le huitième passager (Alien), de Ridley Scott
1981 : Réincarnations (Dead & Buried), de Gary Sherman
1981 : Métal hurlant (Heavy Metal), de Gerald Potterton et Jimmy T. Mura-kami (segments Soft Landing et B-17)
1983 : Tonnerre de feu (Blue Thunder), de John Badham
1985 : Le Retour des morts-vivants (The Return of the Living Dead)
1985 : Lifeforce, de Tobe Hooper
1986 : L'invasion vient de Mars (Invaders from Mars), de Tobe Hooper
1990 : Total Recall, de Paul Verhoeven
1995 : Planète hurlante (Screamers), de Christian Duguay
1997 : Hémoglobine (Bleeders), de Peter Svatek
Animations et effets visuels
1974 : Dark Star, de John Carpenter
Réalisateur
1985 : Le Retour des morts-vivants
1991 : The Resurrected, d'après L'Affaire Charles Dexter Ward de Howard Phillips Lovecraft
Acteur

1974 : Dark Star, de John Carpenter
Comme monteur
1974 : Dark Star, de John Carpenter
Auteur de bande dessinée
1976 : L'Homme est-il bon ? (dessins de Mœbius)
1976 : The Long Tomorrow (dessins de Mœbius)

Ronald Shusett coscénariste

O'Bannon a écrit le scénario de *Alien, le 8e passager* avec **Ronald Shusett** (né en 1939).

Scénariste
1974 : W de Richard Quine
1979 : Alien, le huitième passager (Alien) de Ridley Scott (histoire)
1980 : Phobia de John Huston (histoire)
1981 : Réincarnations (Dead & Buried) de Gary Sherman
1983 : The Final Terror d'Andrew Davis
1986 : King Kong 2 (King Kong Lives) de John Guillermin
1988 : Nico (Above the Law) d'Andrew Davis
1990 : Total Recall de Paul Verhoeven
1992 : Freejack de Geoff Murphy
1997 : Hémoglobine (Bleeders) de Peter Svatek
Producteur / producteur délégué
1979 : Alien, le huitième passager (Alien) de Ridley Scott
1981 : Réincarnations (Dead & Buried) de Gary Sherman

1986 : King Kong 2 (King Kong Lives) de John Guillermin
1990 : Total Recall de Paul Verhoeven
1992 : Freejack de Geoff Murphy
2002 : Minority Report de Steven Spielberg

Quels sont les autres réalisateurs qui ont contribué à cette saga ?

John Carpenter,

né en 1948. Rythmes endiablés et musiques rythmées marquent les films de Carpenter. On ne s'ennuie jamais ! John Carpenter est également musicien, et sa musique joue un rôle important dans *Prince des ténèbres*. Formidable fantastiqueur, il sait utiliser toutes les ressources du cinéma pour tenir en haleine le spectateur. L'humour est souvent présent. Le sketch qui met en scène une jeune étudiante la nuit dans une station-service aux prises avec un psychopathe meurtrier est un chef-d'œuvre qui éclipse un peu les deux autres sketches de Tobe Hooper dans *Body Bags*, bien que Carpenter rende hommage à ce dernier avant le générique en se présentant avec une tronçonneuse qui tombe en panne. Humour délirant dans *Invasion de Los Angeles* et *Les Aventures d'un homme invisible*. John Carpenter aime rendre hommage aux auteurs de vraies inventions de fiction, comme l'invasion par des extraterrestres, l'homme invisible, le vaisseau fantôme et la bande dessinée. Il sait réaliser des remakes en ajoutant sa patte comme *The Thing* et *Le Village des damnés*. Enfin, comme beaucoup d'autres, il adapte un roman de Stephen King : *Christine*, un sujet extrêmement difficile pour un cinéaste, car il s'agit d'une voiture hantée. Très réussi ! D'ailleurs, il met en scène un écrivain de terreur dans *L'antre de la folie*, écrivain mélange de Stephen King et H. P. Lovecraft. Ce film met en scène le thème de la fiction et de son effet sur le réel, tel que notre esprit peut le transformer en l'appréhendant. La fiction devient réalité si le créateur de cette fiction est habile et démoniaque, surtout s'il réussit à obtenir l'appui du grand Cthulhu, dieu maudit inventé par Lovecraft et qui est le héros principal du film. Encore un thème extrêmement difficile que Carpenter réussit à mettre en un film excellent. *Prince des ténèbres* était déjà un film très lovecraftien. Mais ce n'est pas tout, Carpenter reprend des thèmes classiques pour en faire des films fantastiques, comme celui du siège de *Rio Bravo* (1959 – de Robert Hawks) transposé dans *Assaut*, libération d'un prisonnier dans *New York 1997*. Il reprend d'ailleurs plusieurs effets de ces films dans *Prince des ténèbres*. John Carpenter est sous-estimé parce qu'il s'est cantonné (à part un film sur la vie d'Elvis Presley) dans le genre fantastique. Mais il est celui qui l'a le plus renouvelé, modernisé. À suivre avec intérêt.

Dark Star (1974)   Humour et dérision des films de space opera. Des cosmonautes chevelus font sauter quelques planètes pour voir si elles ne se transforment pas en super novae.

Assaut (1976)   Il y a des taches sur le soleil. Attention ! Qu'est-ce qui leur prend à ces loubards de tuer tout le monde et de faire le siège d'un commissariat qui vient d'être déménagé parce qu'un type qui a tué l'un d'eux est réfugié à l'intérieur avec quelques flics ? Et cela ne vous rappelle pas quelque part *La Nuit des morts-vivants* de George A Romero ?

La Nuit des masques – Halloween (1978) Michel, un jeune garçon tue sa sœur aînée qui couchait avec un garçon dans sa maison. Il est interné dans un asile psychiatrique et ne dit plus un mot depuis. À l'âge adulte, le soir de la nuit d'Halloween, il s'évade et revient dans sa petite ville. Masqué et toujours muet, il exécute les jeunes filles qui font trop facilement l'amour. Film misogyne ou, au contraire, dénonçant le puritanisme représenté par le tueur masqué ?

Fog (1979) Des marins fantômes reviennent pour se venger de la population d'un petit village côtier qui faisaient les naufrageurs il y a un siècle. Ils se font annoncer par un épais brouillard.

New York 1997 (1980) Un condamné à mort se voit proposer la vie sauve s'il réussit à délivrer le président des États-Unis prisonnier dans Manhattan qui est devenue une vaste île prison infestée de dangereux loubards, gangsters et psychopathes. Avec l'irremplaçable Lee Van Cleef.

The Thing (1982) Remake de « La chose d'un autre monde » (1951) de Christian Nyby, tiré d'une nouvelle de John W. Campbell *La Bête d'un autre monde* (1938). Lieu clos, une station polaire. Un chien amène la chose qui investit les corps et prend leur forme. Quels imbéciles ces scientifiques de croire le chien et pas le scientifique norvégien qui le poursuit ! C'est ce dernier qu'ils ont tué ! On ne quitte pas l'écran des yeux une seule seconde...

Christine (1983) D'après Stephen King. Une voiture hantée prend possession de l'âme de son nouveau propriétaire.

Starman (1985) Un extraterrestre prend la forme du mari mort.

Les aventures de Jack Burton dans les griffes du mandarin (1986) Aventures style bande dessinée avec le rythme de John Carpenter. On ne s'ennuie pas.

Prince des ténèbres (1987) Une équipe de scientifiques étudient une entité démoniaque qui repose dans les caves d'une église. La science ne pourra rien contre les maléfices de cette vieille entité de plusieurs millions d'années. Citations de la bible, occultisme et science amènent petit à petit à la compréhension de ce qu'est la chose. Une hache résoudra tout !

Invasion de Los Angeles (1989) On est envahi par des extraterrestres qui ont la même apparence que nous. Mais des lunettes spéciales permettent de voir la réalité horrible de leur visage. Certainement inspiré d'un épisode de la série télévisée américaine créée par Richard Matheson : *The Night stalker* (1974) jamais diffusé en France.

Les Aventures d'un homme invisible (1992) Le moins que l'on puisse dire c'est que Carpenter ne craint pas de (et réussit à) reprendre un thème aussi difficile à renouveler.

Body Bags (1993)   Film à sketches réalisé avec Tobe Hooper. Carpenter joue le rôle du raconteur d'histoires qui se trouve à la morgue, et est un mort lui-même.
L'antre de la folie (1994)   Un écrivain démoniaque sème la folie dans le monde avec ses livres de terreur. La fiction devient réalité. Là aussi, les haches ont toute leur importance.
Le Village des damnés (1995)   Remake du film de Wolf Rilla (1960). Après l'engourdissement général d'un village sans aucune raison apparente, plusieurs femmes sont enceintes de ce jour, même une jeune fille vierge... Des enfants aux pouvoirs terrifiants naîtront.
Los Angeles 2013 (1996)   Une fin inhabituelle : le héros parle aux spectateurs !
Vampires (1998). Des chasseurs de vampires constituent une nouvelle *Horde sauvage*...
Ghosts of Mars (2001)   Carpenter a enfin tourné son western... sur Mars ! Il y a même le cheval de fer...
Fangland (2007)
The Ward (2011)

James Cameron,

né en 1947. De *Terminator* à *True Lies* », et *Titanic* (1998), James Cameron ne lésine pas sur les effets spéciaux qui font de ses films des étapes technologiques dans l'histoire du cinéma fantastique. Ne gâchons pas notre plaisir avec des refus un peu trop intellectualistes.

Piranha 2 (1983)   La suite de *Piranha* (1978) de Joe Dante. (Cameron a vraiment honte de ce film)
Terminator (1984)   Un robot presque indestructible vient du futur pour tuer une pauvre femme innocente qui devra enfanter le futur résistant contre les futures machines qui domineront le monde.
Aliens, le retour, (1986)   La suite d'*Alien le huitième passager* (1979) de Ridley Scott. Un commando de marines se rend sur une planète envahie par les monstres.
Abyss (1989)   Des gentils extraterrestres sous-marins sauvent des prospecteurs d'une base de grande profondeur.
Terminator 2 (1991)   Cette fois deux robots arrivent du futur.
Avatar (2009)
De nombreuses suites d'Avatar sont prévues...

Jean-Pierre Jeunet
né le 3 septembre 1953, a réalisé deux films fantastiques : deux chefs-d'oeuvre, *Delicatessen* (1991), coréalisé avec Marc Caro et *La Cité des enfants perdus* (1995), coréalisé avec Marc Caro et le film de SF qui nous intéresse ici, *Alien 4 la résurrection* (1997).
Un autre chef-d'oeuvre, *Le Fabuleux destin d'Amélie Poulain* (2001), qui n'est pas vraiment un film fantastique, quoique...
Il a réalisé quelques autres films qui n'entrent pas dans notre sujet.

David Fincher,

né le 28 août 1962, est le réalisateur d'*Alien³*.
Pour le reste il a réalisé deux films de tueurs en série assez éprouvants :
1995 : **Seven** (*Se7en*)
2007 : **Zodiac**
On peut considérer son film *L'Étrange Histoire de Benjamin Button* (*The Curious Case of Benjamin Button*) (2008) comme un film fantastique. Il a réalisé bien d'autres films qui n'entrent pas dans notre sujet.

Paul William Scott Anderson,

né le 4 mars 1965.
Réalise essentiellement des films de SF très actifs, comme quatre films de la série des *Resident Evil*.
C'est lui qui a réalisé le superbe *Alien Vs Predator* (2004)

Matthijs van Heijningen Jr.,

né en 1965, a réalisé le remake *The Thing* (2011)

Colin et Greg Strause,

Greg est né le 16 janvier 1975 et Colin le 8 novembre 1976. Ils ont réalisé *Aliens Vs Predator Requiem* (2007) et aussi *Skyline* (2010)

Aliens : généalogie cinématographique

Le concept du film *Prometheus* a commencé par une silhouette que l'on apercevait brièvement dans *Alien, le 8ᵉ passager*, et qui semblait tomber dans l'oubli dès le moment où le xénomorphe qui donne son titre au film surgissait – littéralement – dans l'histoire. Mais cet être mystérieux, cette créature géante fossilisée au thorax ouvert surnommée le *Space Jockey* – était restée bien ancrée dans la mémoire de l'homme qui lui avait donné la vie. Ridley Scott raconte : « *Alien, le 8ᵉ passager*, une idée n'avait pas cessé de me tourner dans la tête : quel était le mystère derrière tout cela ? Qui était cette créature ? D'où venait-elle ? Quelle était sa mission ? Quelles technologies son espèce maîtrisait-elle ? Ces questions me semblaient constituer un tremplin intéressant pour des idées plus fascinantes encore. »
Il est exact que *Prometheus* a commencé il y a quelques années comme un projet de préquelle d' *Alien, le 8ᵉ passager*, avant d'évoluer vers autre chose, « vers un nouvel univers », comme l'explique Ridley Scott. »

(Extrait du dossier de presse du film Prometheus.)

La terreur vient de l'espace, du cosmos ! Toute l'œuvre de **Lovecraft** est basée sur cette peur. Le sous-titre du film de Ridley Scott *Alien, le 8e passager* était : « Dans l'espace on ne vous entend pas crier. »

Tout le monde connaît le monstre de ce film qui a continué à hanter les salles de cinéma jusqu'en 2017.

La naissance de ce monstre est bien antérieure au film de Ridley Scott.

Son histoire cinématographique remonte à 1951 et littéraire à 1932...

Les ancêtres littéraires sont d'abord le court roman de **Lovecraft**, *Les Montagnes hallucinées* (1932) et également la nouvelle de Campbell, *La Bête d'un autre monde* (1938) qui semble d'ailleurs inspirée de celle du « reclus » de Providence.

Donc l'aïeul de la Saga Alien est bien le film de Christian Nyby **La Chose d'un autre monde** (1951).

Allez !

Construisons l'arbre généalogique de la famille Alien au cinéma.

La Chose d'un autre monde de Christian Nyby (1951), avec quel mépris certains critiques parlent de la « carotte extraterrestre » pour parler de l'alien de ce film qui m'avait terrifié dans mon enfance. Beaucoup de critiques attribuent sa réalisation à Howard Hawks qui en fut le producteur, mais, pitié laissons à Nyby la paternité de son chef-d'œuvre ! Cette histoire est adaptée d'une nouvelle de John W. Campbell La Bête d'un autre monde (1938). Campbel qui s'est visiblement largement inspiré d'un petit roman de Lovecraft Les Montagnes hallucinées. C'est le chef-d'œuvre des films d'épouvante des années cinquante. La scène au cours de laquelle les savants ont planté les graines du monstre et se sont aperçus qu'elles ont germé n'a jamais été égalée.
 John Carpenter a réalisé en 1982 un remarquable remake. Un autre remake de la période faste du cinéma fantastique espagnol, avec Peter Cushing et Christopher Lee : *Terreur dans le Shangaï express* (1972) par Eugenio Martin, reprend tous les ingrédients de Dracula, Frankenstein, DrJekyll et les morts-vivants...
La préquelle de ce *The Thing* est sortie en salles en 2011 (voir plus loin)

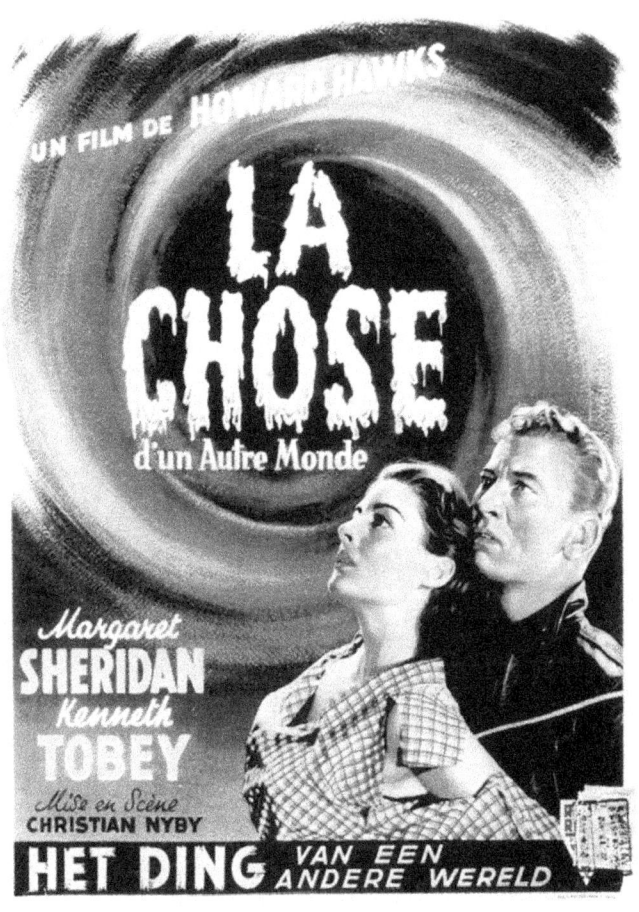

Le Monstre de Val Guest (1955), ce film sut me terroriser lorsque j'étais enfant. Le cosmonaute revenu de l'espace se transforme petit à petit en monstre qui absorbe toute matière vivante, même les cactus. Terreur de l'immensité du cosmos, toujours... Et terreur de la transformation physique comme Lovecraft l'a bien exprimée dans le Cauchemar d'Innsmouth, nouvelle qui semble avoir inspiré ce film, le premier de la Hammer.
Suites, toujours avec le professeur Quatermass : en 1957 *La Marque de Val Guest*, et en 1967 : *Les Monstres de l'espace p*ar Roy Ward Baker. Dans tous ces films, on rencontre l'ambiance de l'œuvre de Lovecraft.

La Planète des vampires de Mario Bava (1965). Mario Bava réalise ce film avec son fils Lamberto en utilisant les décors de *Hercule contre les vampires* (1961). Avec un budget de misère Mario Bava réalise une œuvre qui est à la source d'autres grands films de science-fiction comme *Alien* (1979) de Ridley Scott et *The Thing* (1982) de John Carpenter, lui-même, remake de *La Chose d'un autre monde* (1951) de Christian Nyby.
Sur une planète inconnue, les passagers d'un vaisseau spatial sont victimes de vampires psychiques.

Alien, le 8ᵉ passager de Ridley Scott (1979), ce monstre est devenu une célébrité. Un cargo spatial sur le retour vers sa base reçoit un signal d'alarme provenant d'une petite planète. Une expédition y est envoyée. On y trouve l'épave d'un vaisseau extraterrestre. Dans la soute des œufs attendent, tel le fourmi-lion, qu'un être passe à proximité. Un des cosmonautes sera attaqué par une larve sortie de l'œuf. Cette larve a introduit un rostre dans son estomac et y a pondu un œuf. Le biologiste du bord qui a fait ostensiblement l'erreur de laisser entrer un passager contaminé soigne le malade. Celui-ci reprend vie, mais un petit monstre sort de son corps lui infligeant une atroce et mortelle blessure. Désormais, c'est une guerre sans merci entre ce monstre et l'équipage qui sera décimé. Seule Ripley, la jeune femme magistralement interprétée par Sigourney Weaver saura terrasser le monstre. Ce film a plusieurs importances : il rompt avec la science-fiction héritière de 2001, tout axée sur le développement technologique et ses répercussions, et renoue avec le style de l'écrivain Lovecraft qui a su, justement, allier la science et les techniques à de profondes et archaïques pulsions de la vie. Ainsi, le monstre d'Alien est-il proprement lovecraftien, et son créateur, Carlo Rambaldi, semble bien s'être inspiré des monstres de l'écrivain américain. Enfin, l'action prend toute son importance et sert à montrer du doigt les horreurs que l'on ne voit pas, mais que l'on nous fait deviner hors-champ, comme cette scène de recherche du chat dans les soutes du vaisseau spatial. Le scénario développe une argumentation serrée : si ce monstre a été introduit dans notre univers, c'est de la faute aux dirigeants de la compagnie et de la société des hommes qui ont organisé cette introduction par l'intermédiaire du biologiste médecin qui n'est qu'un robot à leurs ordres. Plusieurs suites : *Aliens, le retour* de James Cameron (1986), *Alien 3* de David Fincher (1992), *Alien la résurrection* (1997) de Jean-Pierre Jeunet, *Alien Vs Predator* de Paul Anderson (2004) – *Aliens Vs Predator : Requiem* de Colin Strause, Greg Strause (2007). Jusqu'à *Alien 4*, les films sont interprétés par Sigourney Weaver.

The Thing de John Carpenter (1982), remarquable remake plein d'action, d'horreur et de suspense de La Chose d'un autre monde (1951). L'idée du chien qui transporte la Chose dans son corps a été reprise dans Alien 3 et Hidden. Carpenter, très influencé par Lovecraft, reprend le thème de l'horreur interne qui débouche sur la transformation physique. D'ailleurs le roman de Campbel dont est tiré ce film doit vraisemblablement son inspiration au petit roman de Lovecraft : Les Montagnes hallucinées dans lequel des archéologues découvrent sur le continent antarctique les corps gelés d'Anciens qui reviennent à la vie après avoir été décongelés….

Aliens, le retour de James Cameron (1986)
Dans Alien, le 8ᵉ passager, la terreur venait d'une créature. Ici, James Cameron joue sur le nombre. Une équipe de Marines est envoyée sur une planète dont les occupants ne répondent plus et qui est, en réalité, envahie par des Aliens. Multiplier la terreur par un très grand nombre ! Ils trouvent une petite fille survivante et, alors que Ripley assure que les soldats sont nombreux et qu'ils auront donc raison des monstres, elle leur répond qu'ils ne seront pas assez nombreux... Cette petite scène est très impressionnante.
J'ai revu le film plus de trente ans après. Il m'a beaucoup moins impressionné. Mais c'est normal. James Cameron est un peu jeune et Ripley/Sigourney ne joue pas très bien. Par contre, les effets spéciaux sont toujours aussi bluffants, mais les monstres n'apparaissent qu'après une heure de film. Il y a « le synthétique », l'homme synthétique qui devient donc ainsi le fil conducteur de toute la série jusqu'à *Alien : Covenant* (2016).
La navette qui fait le lien avec le vaisseau spatial se crashe, car un alien s'y est introduit et il tue la pilote et meurt avec elle dans l'accident. Les marines ne peuvent plus remonter là-haut et échapper aux monstres.
Dialogue entre Newt, la petite fille et Ripley : « Ma maman disait que les monstres n'existaient pas... Que c'était pour rire... Mais il y en a ! » Ripley : « Oui, il y en a, ça existe. » Newt : « Alors pourquoi les grands y disent ça ? » Ripley : « Parce que d'habitude c'est vrai. »

On retrouve le même conflit que dans *Alien, le 8ᵉ passager* : Bishop et Burk sont chargés d'emmener un échantillon des extraterrestres (pour en faire une machine de guerre selon le premier film). Donc pas question de tuer les monstres. Mais en fait, il y en a tellement qu'on peut taper dans le tas !
C'est une scène de réelle tension quand Ripley et Newt sont attaquées par un **face-hugger** , cette sale bestiole à la vie très courte qui enfile dans la poitrine de ses victimes l'œuf (ou la larve, c'est comme vous voulez...) qui va enfanter le **chest-burster**, le petit monstre qui sort très brutalement de la poitrine de la personne (ou du **space-jokey**, vu brièvement dans le premier film). La plastique de ces monstres on la doit à l'origine au grand H.G. Giger ! À l'origine puisque tout au long de la saga, elle va évoluer. Mais il y a encore bien d'autres scènes de haute tension.
Donc, revenons à la scène : cette sale bestiole aux grandes pattes s'attaque à Ripley et Newt. Elles seront sauvées par l'arrivée des soldats.
C'est dans ce film, le deuxième, que va apparaître à la fin, la reine qui pond les « œufs » qui contiennent le face-hugger qui vous saute à la figure !
Ce film est intéressant, car il développe la lignée des aliens, il joue également sur l'enfermement, mais enfermement bien plus vaste que dans le premier film, et surtout sur le nombre !
À la fin Ripley va affronter seule la gigantesque reine en pilotant de l'intérieur un « robot de manutention ».

Ce film comporte plusieurs scènes d'anthologie : Ripley tenant Newt du bras gauche et une arme combinée lance-flammes de l'autre, son combat au corps à corps avec la reine, et les courses-poursuites dans les canalisations d'aération de la base.

Ce film a pris de l'âge, c'est vrai, mais il est toujours très exaltant. Car on est toujours saisi par les scènes qu'on a pourtant déjà vues.

Alien ³ de David Fincher (1992)
Nous retrouvons Ripley dans une navette de secours après sa fuite de la planète infestée. Elle atterrit sur une planète qui sert de bagne. Le huis clos est donc dans une prison. Elle amène avec elle l'infection Alien...
C'est pendant le générique qu'on apprend que Ripley et ses trois compagnons (Bishop en piteux état, le soldat, seul survivant et Newt, sont dans une navette qui s'écrase sur une planète. Les noms et qualités de cette planète s'inscrivent sur l'écran : « FIORINA FURY 161, une planète raffinerie galactique pour des matériaux. Pénitencier pour sujets à chromosome double Y ».
Ripley est la seule survivante après le crash.
Évidemment, une saloperie de face-hugger se trouve dans la navette et « féconde » Ripley, inconscient... Le spectateur est donc prévenu que c'est elle qui va amener l'infection sur cette planète. On saura plus tard que le chest-burster qui l'habite est la larve d'une reine. Mais elle n'est pas la seule, car un chien sera également « fécondé » par un autre face-hugger.
Le directeur du centre reçoit un message de la Terre qui lui ordonne de prendre soin de Ripley. Ils sont donc toujours intéressés par un « échantillon » de la bête.
Ripley n'est plus tout à fait la même : elle est devenue une dure à cuire au langage vulgaire.
La scène la plus connue du film, c'est cette image en gros plan du visage de Ripley terrorisée et de la tête dentée de la bête bavant qui s'approche d'elle...

Elle commencera alors à comprendre qu'elle est infectée. Elle demandera de passer un scanner et en aura la confirmation.

Un message dit aux résidents du bagne que les secours arrivent dans deux heures. Ripley tente de se faire tuer par la bête pour éviter la « naissance »... Elle l'interpelle : « N'aie pas peur, maintenant je fais partie de la famille. Dans le dédale des couloirs et tunnels de la base, les prises de vues se font en contre-plongée, car l'alien « marche » au plafond... Il refuse de la tuer. Le bagnard refuse aussi de la tuer, car, dit-il « Si elle ne veut pas te tuer, ça peut m'aider à l'avoir. »

Après un suspense insoutenable, ils réussissent à faire couler le plomb fondu sur l'alien. Mais tous sont morts sauf un. Malheureusement cela ne suffit pas à tuer le monstre qui sort de son bain chaud et tente de s'enfuir, mais Ripley ouvre une douche froide qui le fait éclater en morceaux...

Les secours arrivent avec un exemplaire de Bishop qui essaie d'entourlouper Ripley qui est tentée, mais se méfie trop.

En fin de compte elle se jettera dans la cuve de plomb fondu au moment où le chest-burster sort de sa poitrine.

Le film a été tourné en studio à Londres.

Il paraît que Devid Fincher n'est pas fier de son film. Pourtant il est très bien. Très original par rapport aux autres.

Alien la résurrection de Jean-Pierre Jeunet (1997), dans une station spatiale, un médecin fait renaître Ripley et son monstre grâce aux manipulations génétiques (encore !). Contrairement à ce que dit J.P. Jeunet dans ses nombreuses interviews, je trouve que l'influence d'Hollywood est manifeste. Une fois de plus la Terre est menacée par les monstres. L'ambiguïté de la nature de Ripley (monstre ou être humain ?) n'est pas très bien rendue : il est dommage que la dernière scène qui suggère un accouplement avec le monstre ait été édulcorée, ne signifiant pratiquement plus rien ... Quant aux yeux du nouveau-né, il faut avoir lu un article sur le film pour voir que ce sont ceux de Ripley... Il y a quand même un peu de Jeunet dans ce film grâce aux acteurs et au directeur de la photo. Humour noir : le soldat attaqué par-derrière par un monstre sourit niaisement et ramène de derrière sa tête avec ses doigts un morceau de sa cervelle. Le pirate de l'espace descend un alien et sursaute devant une petite araignée... « Tu es programmée pour être une conne ? » Questionne Ripley en s'adressant à Call la jolie robot. C'est dans ce film que l'alien est le plus lovecraftien, dès les images du générique qui montrent en gros plan les parties des corps des sept autres mutants ratés avant Ripley. Un scénario faible, beaucoup d'action et la bête a perdu tout son mystère, car on en voit les moindres détails...

Alien Vs Predator de Paul Anderson (2004), superbe! On ne s'ennuie pas une minute. Des décors fantastiques, des acteurs à la hauteur servent un scénario très habile qui mêle de la nouveauté et un respect de la "tradition" des deux créatures allant jusqu'à reprendre quelques idées des opus précédents. Un petit hommage au "Frankenstein" de James Wahle dont on voit une scène sur l'écran de la télé que regarde un technicien dans une scène du début. Et puis la première scène est stupéfiante (tant pis pour les spectateurs qui discutent au début sans regarder le film), car elle montre un certain angle de vue d'un objet dans l'espace qui représente la reine des Aliens et quand l'objet passe devant la caméra il ne s'agit que d'un satellite. Cette illusion due à la magie du cinéma a toute son importance pour la suite... Le film est trop court...

L'idée de mêler le combat de deux espèces d'Aliens en Antarctique est cette fois vraiment héritée directement de la nouvelle de Lovecraft : *Les Montagnes hallucinées*, qui avait déjà inspiré le film *La Chose d'un autre monde*...

Aliens Vs Predator : Requiem de Colin Strause, Greg Strause (2007)

On se souvient qu'à la fin du film Aliens vs Predator, un Predator était reparti mort dans son vaisseau, mais infecté par un Alien.

Ce film commence à ce moment-là : l'Alien naît, c'est un hybride Alien/Predator, donc redoutable. Il tue les passagers du vaisseau qui retombe sur Terre. Dans le vaisseau il y avait

des larves d'Alien. Elles sortent et commencent à infecter un chasseur et son fils... Un Predator a été prévenu du drame et se rend sur Terre à la chasse à l'Alien.
Que le massacre commence !
On peut essayer de s'intéresser aux amourettes, bagarres entre jeunes et autres scènes de la vie quotidienne de cette petite ville, mais ce sont les monstres qu'on veut. Bien que la jolie blonde n'est pas désagréable à regarder.
Dans ce film ils n'ont même pas pitié des enfants.
Il fait toujours très sombre et on a du mal à distinguer les monstres.
Quand le jour se lève, on espère y voir un peu plus clair... Mais non... ça se passe dans les égouts. Et quand les monstres sortent des égouts, il fait de nouveau nuit. Pire, Predator bousille la centrale électrique. Adieu l'éclairage public !
Une petite fille a vu un Alien avec les jumelles infra-rouge de sa mère (elle est militaire). Elle crie qu'il y a un monstre derrière la fenêtre. « Regarde ! Y a pas de monstre » lui répond son père avant de se faire dévorer par l'Alien.
Et voilà la cavalerie : la Garde Nationale. Mais vous connaissez les Aliens... Qui peut leur résister ? Dans le noir sous la pluie. C'est bizarre comme les gens se laissent tuer : paralysés par la terreur ?
En attendant, les Aliens pénètrent dans la maternité pleine de petites chairs fraîches. Il y a même une femme qui accouche. Lucio Fulci doit se retourner dans sa tombe et surtout

D'Amato avec son film Anthropophagus. Un peu débordé le Predator.

Les survivants se réfugient dans un blindé de la Garde Nationale (dont les membres sont tous morts, bien sûr). Ça me rappelle quelque chose, mais quoi ?

Et quand une fille dit dans le film : « Un gouvernement ne peut pas mentir ! » tout le monde rit dans la salle... Sont pas bien stressés par le film les spectateurs...

Vous voulez savoir comment ça va finir ?
Allez voir le film.
Si ça vous dit encore... Si vous n'avez pas peur du noir...

The Thing de Matthijs Van Heijningen Jr. (2011)

On se souvient que dans The Thing de John Carpenter, le film commence par l'arrivée d'un chien poursuivi par un homme en hélicoptère qui vient d'une station polaire norvégienne. Le chien était porteur de la « chose ».

Excellent film, et vrai remake de La Chose d'un autre monde (1951), car les scientifiques de la station polaire découvrent l'extraterrestre congelé, alors que le film de Carpenter commence après, quand les résidents de la station polaire norvégienne ont déjà été complètement exterminés.

Ce film de Van Heijningen Jr. raconte donc ce qui s'est passé dans cette station polaire norvégienne. Il se veut donc une préquelle du film de Carpenter, mais c'en est quasiment un remake puisque le récit est le même. Tous les

êtres humains de la station sont vampirisés par la « chose » jusqu'au chien...
À quand la suite du film de Carpenter qui finit par une ambiguïté : le spectateur se demande si l'un des survivants n'est pas contaminé par « la chose » ?

Prometheus de Ridley Scott (2012)
Comme indiqué plus haut, ce film est un cousin de l'arbre généalogique des Aliens. Il n'est pas une préquelle, mais s'intéresse à un personnage du premier Alien (celui réalisé par Ridley Scott) : l'extraterrestre que l'expédition retrouve mort sur son siège, car, on le comprendra plus tard, il avait été infesté par un Alien...
« Je ne sais rien, mais c'est ce que je choisis de croire. »
C'est ce que le père de la petite fille lui a répondu quand elle lui a demandé comment il savait ce qu'il y avait après la mort. Et c'est aussi ce qu'elle a répondu quand on lui a posé la question si elle savait qu'elle foutait en l'air trois siècles de darwinisme.
On voit un extrait du film « Lawrence d'Arabie ».
Donc, des archéologues font le lien entre différentes peintures rupestres qui représentent un géant montrant du doigt une partie du ciel. C'est une « invitation » disent-ils. Une expédition est donc financée par un richissime armateur...
Ils y vont.
Le film est bien construit, il ne s'attarde pas sur les personnages pour mieux se concentrer sur son thème : l'approche scientifique de la vie et de la mort. Et aussi, la punition qui attend ceux qui font cette recherche sans précaution. C'est le thème de l'infection que laisse introduire le robot dans Alien, le 8e passager, et que l'on retrouve ici dans le film. Mais ici, cette introduction se fera par plu-

sieurs méthodes, toujours mises en œuvre par un androïde aux ordres de son créateur. Ce qui vaudra au spectateur une terrible scène d'autoavortement. Ainsi, si la plus forte personnalité de l'équipage du vaisseau restera intraitable face à une tentative visible d'infestation, ce ne sera pas le cas d'une autre tentative, plus pernicieuse. Et à chaque fois c'est le contact avec l'autre, voire même l'amour qu'on lui porte, qui deviendra mortel.

Ce film est très freudien, un personnage n'affirme-t-il pas : « Chacun souhaite la mort de ses parents », et reste très lovecraftien, comme tous les films de la série, avec notamment le monstre de la fin qui n'est pas sans faire penser au grand *Cthulhu*.

La Création est impitoyable !

On découvrira à la fin qui était l'extraterrestre, « cette créature géante fossilisée au thorax ouvert » appelée le Space Jokey, qu'on voit dans le film Alien, le 8e passager.

C'est un excellent film.

Alien : Covenant de Ridley Scott (2016)
Un vaisseau transporte une « cargaison » de colons en route vers une planète à coloniser. Il rencontre un « vent solaire » qui endommage ses « voiles de recharge ». L'équipage est réveillé par le robot qui conduit le vaisseau. Pendant la réparation, un message provient d'une planète proche qui semble habitable. Doivent-ils y aller pour éviter de retourner en sommeil artificiel ?
Ils arrivent donc sur une planète inconnue sans prendre la moindre précaution sanitaire ! Même pas un masque à poussière...
L'infection par les spores produit un alien dans le corps à une vitesse record.
Ils retrouvent des traces du Prometheus... Puis ils rencontrent David, le rescapé du Prometheus.
Une fois de plus, c'est le « synthétique » qui est à l'origine de tout. Et à la fin, ce sont les méchants qui gagnent. Le scénariste devait faire une dépression...

Enfin, un pastiche italien :
Alien la créature des abysses d'Antonio Margheriti (1989) Sous le pseudonyme d'Anthony Dawson II...
Les Italiens s'étaient spécialisés dans le recyclage de thèmes du cinéma américain. Ça trompe son monde et ça fait un peu vendre... Le titre de ce film en est encore un exemple (comme le furent les Zombies de Lucio Fulci). Mais le film est un vrai navet. Et l'Alien ne vient pas de l'espace !

Voilà !
La saga est-elle terminée ?
Y aura-t-il une autre filiation cinématographique ???
L'avenir nous le dira…
Givors, février 2019

Alien cousinades

Terreur extra-terrestre de Greydon Clark (1979)
La participation des acteurs Jack Palance et Martin Landau met tout de suite l'ambiance ! Mais ne garantit aucunement la qualité du film.
Un père et son fils campent dans la nature dans un camping-car. Le père est un type assez con. Visiblement les scénaristes n'aiment pas les chasseurs. Ce personnage est donc la première victime de sangsues volantes.
C'est très mal joué et très mal doublé.
Une bande de jeunes partent en vacances dans la nature… Ah ! Cette nature inhospitalière, dangereuse.
Jack Palance joue le rôle du tenancier de la station-service. Il s'appelle Taylor. C'est un chasseur. « Vous avez jamais été à la chasse ? » Demande-t-il. Il ne veut pas que les jeunes aillent au lac…
Un des jeunes couples part à la recherche des autres qui ont disparu. La jeune fille tombe dans un piège constitué par un grand trou dans le sol. Elle en sort. Le couple découvre une cabane pleine de cadavres, dont leurs amis. Une sangsue volante pleine de dents se colle au pare-brise du camping-car avec lequel ils espéraient fuir. Ils se réfugient dans un bar plein de beaufs tenu par une barmaid. La jeune fille s'enfuit du camping-car à l'arrivée d'un extraterrestre à grosse tête.

Dans le bar il y a Martin Landau qui joue le rôle du paranoïaque qui voit des E.T. partout et qui a raison pourtant, alors que personne ne le croit. Il s'appelle Dobbs. Les autres l'appellent « sergent ».
Mais que c'est mal joué ! Beaucoup de dialogues inutiles.
Taylor arrive avec la jeune fille. Le bar est assiégé en pleine nuit, électricité coupée...
Le sergent tire sur le shérif par erreur ! Ensuite, il menace le jeune homme, guidé par sa paranoïa.
Taylor a récupéré une sangsue et la conserve dans un bocal de formol.
Il déclare au couple de jeunes qu'il veut chasser tout seul les extraterrestres et les tuer. Il se fait de nouveau attaquer par un de ces sangsues volantes en forme d'étoile avec plein de dents. Il l'arrache de sa cuisse avec un couteau. Le couple de jeunes s'enfuit et fait de l'autostop. Ils montent dans une voiture de police et s'aperçoivent qu'elle est conduite par sergent !
Taylor transporte des explosifs vers la cabane. Sergent croit que les deux jeunes sont des extraterrestres. Ils s'échappent et se réfugient dans une maison isolée et déserte. Ils entrent par effraction et s'installent. Quelque chose rôde dans la nuit. Une ombre menaçante se déplace. Le robinet d'eau s'ouvre tout seul. La lumière du placard s'allume spontanément.
Tout cela tire en longueur...
Une sangsue volante se colle au visage du garçon et le « martien » au gros crâne apparaît... Il poursuit la jeune fille... Taylor la sauve.

Dernière bataille à la cabane où sont entreposés les morts. Le garde-manger de l'E.T.
Taylor a miné la cabane avec de la dynamite ! Mais voilà ce fou de sergent qui voit des aliens partout et surtout là où ils ne sont pas.
Et voici le « martien » à grosse tête !

Le réalisateur Greydon Clark raconte :
Il avait acheté un script à un scénariste qu'il avait beaucoup modifié pour ce film.
Le script raconte donc l'histoire d'un extraterrestre qui débarque sur Terre pour traquer les humains par pur divertissement. « C'était bien avant Predator » Dit-il.
Schwarzenegger aurait dit lors du tournage du film Predator : « *Avez-vous vu ce petit film intitulé Terreur Extraterrestre ? Notre film Predator reprend la même idée : un extraterrestre venu sur Terre pour chasser les hommes.* »
Bon... Admettons. Mais cela n'est pas très évident dans ce film. Ce n'est en tous les cas pas présenté comme ça... Néanmoins, ça y est : souvent ce film est désormais présenté comme celui qui aurait inspiré Predator...
Ce film a été tourné en décembre 1979 en trois semaines.

Le DVD propose un documentaire sur les extraterrestres au cinéma ; d'abord ils furent un prétexte à l'anticommunisme paranoïaque et le grand tournant fut, bien sûr, la sortie du film *Alien, le 8ᵉ passager*.
Je remarque que *Alien* est sorti un an avant *Terreur Extraterrestre*...
Il y aurait selon ce documentaire trois grandes familles de films sur les extraterrestres : 1) les

attaques bourrin 2) le genre plus feutré genre X-files et 3) le genre intimiste, enlèvements, expériences médicales comme *la Quatrième Nuit*...
Autre connexion entre les deux films *Predator* et *Terreur extraterrestre* : c'est le même acteur qui joue le rôle du « martien » à grosse tête de ce dernier et celui qui joue Predator dans le film du même nom !

C.H.U.D. de Douglas Cheek (1984), attention dans le métro on rencontre d'horribles mutants issus de l'effet de déchets sur les clochards. Ce film serait bien si les monstres n'étaient pas aussi nuls.

Hidden de Jack Sholder (1987), un extraterrestre genre langouste s'introduit dans le corps des humains en entrant par la bouche et en prend le contrôle. Ces humains deviennent de froids meurtriers. Une des nombreuses variations du thème des *Marionnettes humaines* de l'écrivain Robert A. Heinlein. Il y a une suite : *Hidden 2* de Seth Pinsker (1995).

Predator de Mac Tiernam (1987), un extraterrestre chasseur a choisi notre planète pour une affreuse chasse à l'homme. Un commando de marines est exterminé dans la jungle. Il y a une suite : *Predator 2* dans la jungle des villes. Et une séquelle : *Alien Vs Predator* de Paul Anderson (2003) et sa suite *Aliens Vs Predator Requiem* de Colin Strause, Greg Strause (2007)

La Mutante de Roger Donaldson (1995), un monstre qui prend l'apparence d'une belle jeune fille. Gare aux mecs ! Avec la belle Natasha Henstridge. Suite : La *Mutante 2* de Peter Medak avec la même belle.

Scarabée de William Mesa (1996). Pas grand-chose ne m'avait échappé au fond dans le fait que j'ignorais la sortie de ce film : Alien + Predator, à Borneo = ennui (sauf la fille qui est très belle).

Un Cri dans l'océan de Stephen Sommers (1997). *« Qu'est-ce qu'il y a encore ? »* Telles sont les dernières paroles du film alors que le spectateur croit les héros tirés d'affaire sur une île et que l'on entend des grognements terrifiants. La caméra qui s'élève dans le ciel montre un volcan en éruption et des arbres démolis par une énorme créature que l'on ne voit pas, mais dont on aperçoit les effets. Ils ne sont pas sortis de l'auberge comme dirait l'autre. Le cinéaste est bon, les effets spéciaux excellents. Que demander de plus pour un tel film d'horreur ? Les premières sombres images des profondeurs avec leurs épaves sont saisissantes. Ici, la mer n'est pas accueillante : elle est noire, il pleut tout le temps et la vedette qui transporte les héros vers leurs destins est toute rouillée... Quant au paquebot « *L'argonautica* », les passagers devaient pouvoir y réaliser tous leurs rêves, mais il découvriront l'horreur des profondeurs. Le scénario ressemble beaucoup à celui d'*Alien la résurrection* (1997) de Jean-Pierre Jeunet, avec un peu de *Titanic* (1997) de James Cameron, mais c'est dû à "l'air du temps des scénaristes" car Sommers ne peut pas avoir vu ces films avant de réaliser le sien ! Par contre on se demande si Stephen Sommers a lu Lovecraft. Car son monstre semble directement inspiré des œuvres de cet écrivain qui a beaucoup écrit sur la terreur provenant des profondeurs maritimes, car, selon lui, dans ces abîmes, dorment des monstres. Le monstre d'*Un Cri dans l'océan* semble tout droit sorti des descriptions du grand Cthulhu de Lovecraft...

Relic de Peter Hyams (1997), est une histoire de monstre. Qui n'adore pas les histoires de monstre, dragons et ogres des contes de fées de notre enfance ? *Relic* voudrait nous montrer un monstre moderne. Comment le scénariste et le créateur de la créature ont-il procédé ? Tel le docteur Frankenstein, ils ont mis tous les membres et organes des monstres de l'histoire du cinéma et de la littérature dans leur chaudron intellectuel et en ont créé un nouveau. Enfin, du moins le croient-ils. On pourrait s'imaginer que l'histoire est tirée de : *L'horreur dans le musée* (1933) d'Hazel Heald, nouvelle révisée par Lovecraft. Mais pas du tout, rien à voir. Effets spéciaux obligent. Alors, prenez *Alien* (1979) de Ridley Scott, ajoutez une pointe du *Retour des morts-vivants* (1984) de Dan O' Bannon, une pincée de *Gremlins* (1984) de Joe Dante, un bon kilo de *Jurassic Park* (1993) de Steven Spielberg, une petite ironie du *Blob* (1988, de Chuck

Russel, un remake d'un film de série B, *The Blob* (1958) d'Irvin S. Yeaworth Jr.), une petite goutte de *La Chose d'un autre monde* (1951) de Christian Nyby, et surtout de son remake (1982), *The Thing* de John Carpenter, et, pour finir, ne pas oublier un zeste de *Planète interdite* (1956) de Fred M. Wilcox. *The Relic* est aussi un roman homonyme de Douglas Preston et Lincoln Child.
Il y a plusieurs suites

The X-Files de Rob Bowman (1998). Dans ce film, on n'a rien inventé dans le domaine de la mythologie du fantastique. C'est même du pillage – ouvertement avoué d'ailleurs – de films comme *La Chose d'un autre monde* et *The Thing*, *Alien* et *L'Invasion des profanateurs de sépulture*.
On y retrouve donc bien ses petits. Tout est fait pour réunir devant l'écran des millions d'initiés à la série télé. Le plaisir vient de là : on peut avoir l'impression d'une certaine communion devant toutes les références à l'ensemble de la série depuis le premier épisode... Cette complicité ironique passe par exemple par la scène où Mulder urine contre une affiche d'*Independence Day*... celle où Scully autopsie, celle où ils devaient s'embrasser, mais une abeille mutante a interrompu l'action en piquant la jeune femme, celle où le garçon ne croit pas que Fox soit du FBI, car il a « *un look de voyageur de commerce* », celle où Mulder parle du complot et où, quand son interlocuteur (joué par le magnifique Martin Landau) lui demande ce qu'il a

vu, il répond : « *On a vu des abeilles et des champs de maïs* », celle de la fausse mort de Mulder... Cette complicité passe aussi par les affaires de famille de Mulder (et Scully ? Pour le prochain film peut-être...). Autrement, il y a de très beaux effets spéciaux, et, comme la mode le veut, le vaisseau spatial est très... gothique.

Hollow Man de Paul Verhœven (2000). Ah qu'il est bon ce Paul Verhœven ! Le thème de fond de l'histoire de l'homme invisible traité par l'ouvrage de H.G. Wells est le même que celui du *Cas étrange du docteur Jekyll et Mister Hyde* de Stevenson : la nature humaine est intrinsèquement mauvaise. Regardez (jeu de mots trop simple ?) : il suffit qu'un homme soit invisible pour qu'il essaie d'assouvir tous ses fantasmes et devienne ainsi.... un monstre ! D'où l'hommage appuyé du cinéaste au(x) film(s) *Alien* en deuxième partie de *The Hollow Man*... et les effets spéciaux formidables qui reprennent des hommages à d'autres monstres du cinéma : monstres aquatiques, monstres écorchés, monstres de sang.... Ce film est donc extraordinairement exaltant pour un cinéphile amoureux du cinéma fantastique. Une œuvre cinématographique qui rend vraiment hommage à l'œuvre littéraire de Wells et développe à fond les intentions de l'écrivain...

Autres films sur *L'homme invisible* (1898) de H.G. Wells :

L'homme invisible de James Whale (1933) – *La Revanche de l'homme invisible* (jamais diffusé en France) – *Le Retour de l'homme invisible* de Joe May (1940) – *The invisible boy* (*Le cerveau infernal*) de Herman Hoffman (1957) avec Robby, le robot de "Planète interdite"... – *Les Aventures d'un homme invisible* de John Carpenter (1992) – La série télévisée *L'homme invisible* (des années cinquante) a complètement transformé le mythe et a fait de l'homme invisible un brave agent secret qui utilise ainsi sa qualité à des fins utiles et nobles...

Il y a eu une série de films sur le thème des mutants, sortis en DVD au début des années 2000 : **MorphMan** *de Tim Cox (la nourriture des bovins crée une mutation chez leur parasite : la douve du foie !) –* **SharkMan** *de Michael Oblowitz avec l'incroyable Jeffrey Combs dans ce qu'il sait le mieux faire : le savant fou impitoyable... -* **PredatorMan***, de Tim Cox, une petite resucée d'Aliens 2 –* **SkeletonMan** *de Johnny Martin –* **SnakeMan**... *ne sont pas vraiment terribles ! Et ce* **MosquitoMan** *que j'ai chroniqué au moment de sa sortie et qui a été publié dans mon livre Cinéma fantastique et de SF – Essais et données pour une histoire du cinéma fantastique 1895-2015.*
Ces films ont tous été tournés en Bulgarie. Ils sont produits par NU IMAGE
Voici la chronique de ces films qui vont de la série Z à la série B.

Voici donc, d'abord, ma chronique datant de 2006.
MosquitoMan de Tibor Takacs (2004)

Ah ! Voilà ce bon vieux Tibor Takacs de retour. Celui de *The Gate (La Fissure) 1 et 2*, qui a fait ses armes dans la série *Au-delà du réel*... Il est parti en Bulgarie pour la post production de ce film et pour recruter quelques acteurs. Le film est passé au festival de Gérardmer. Ce film n'est pas sorti en salles.
Une maladie virale sème la mort dans le monde. Elle est transmise par les moustiques. Un labo réalise une mutation chez les moustiques pour remplacer les moustiques infestés par les moustiques mutants non infestés (eux !)
Un prisonnier condamné à mort sur lequel on devait faire quelques expériences s'échappe c'est la fusillade et dans le feu de l'action il subit des radiations et une substance chimique le macule. Vous l'avez deviné : il va se transformer en moustique. (Et la belle chercheuse l'a cherché, car cela lui pend au nez aussi...) Ne dites pas que c'est bête on nous l'avait déjà fait en deux remakes avec *La Mouche* !
Les flics savent pas tirer (il y en a même un qui se tire une balle dans le pied...) La première victime du moustique géant est vraiment bête elle est paralysée par la terreur et ne s'enfuit même pas...
Bon ! vous allez dire que je descends ce film ? Si c'est le cas, je m'arrête, parce que j'adore ce film ! J'ai toujours aimé ce que fait mon ami Tibor même si ce ne sont pas des chefs-d'œuvre. À regarder celui-là, on passe un bon moment avec la belle et la bête ! Pas prétentieux pour un sou le Tibor : un vrai divertissement...

Et voici ma chronique de ce même film rédigée en 2018 après l'avoir revu.

MosquitoMan de Tibor Takacs (2004)
Les moustiques transportent un virus mortel. Des milliers de gens meurent. Il faut trouver la parade. Ils font une recherche pour fabriquer un moustique mutant non porteur…
Ah ! Ces manipulations génétiques ! Ils utilisent l'irradiation. Les chercheuses sont de superbes filles. La police amène un dangereux criminel comme cobaye. Suspense : il tripote secrètement un bout de fil de fer pour ouvrir ses menottes.
Bon… il s'évade dans le labo… Les flics sont très mauvais tireurs (comment est-ce possible ?) et le prisonnier en tenue orange prend en otage une des deux jolies filles.
Les policiers toujours aussi balourds démolissent le labo avec leurs tirs à tort et à travers et cela occasionne des effluves radioactifs auxquelles sont soumis le fuyard et la jolie scientifique. Il s'enfuit par les égouts.
Trop fort : il mute immédiatement (ne perdons pas de temps) en moustique géant. La transformation commence par le bras comme dans *Le Monstre de Val Guest (1955).* Il se réfugie chez sa copine où il finit de se transformer. Il tue la jeune fille et s'en repaît.
Le moustique géant suit le policier et sa copine qui est la belle scientifique survivante du labo. Cette dernière, en se regardant dans la glace dans sa salle de bain, s'inquiète de certaines choses en se regardant dans la glace.

Le moustique géant suit la fille qui se transforme aussi. Il déguste le très désagréable directeur du centre de recherches. Il est sympa ce moustique gant il tue les gens méchants, inintéressants, cupides... C'est un peu le principe de base des films d'horreur.

Les policiers ignorant l'existence du monstre sont surpris par la manière dont sont mortes ses victimes. Quel massacre !

« Se nourrir et s'accoupler : c'est pour ça qu'il me cherche », déclare la jolie fille qui se transforme...

Pas mal ce film de série B.

Making Of

« C'est de l'humour noir », déclare Tibor Kakacs.

« Tourné à Sofia de manière à ce qu'on croie que c'est une ville américaine », explique la monteuse.

J'aime bien ces making of de films de séries B qui ne se prennent pas au sérieux, ils dévoilent tous leurs trucages souvent de bric et de broc.

« Les personnages sont proches de la caricature. On rend ainsi hommage aux vieux films d'horreur. Avec un film comme ça, on a fait un clin d'œil au public. Mais on lui donne aussi les frissons qu'il attend d'un film d'horreur. » Déclare Tibor Takacs.

« J'aime les éclairages. C'est l'un de mes films qui a la plus belle image ».

C'est vrai !

PredatorMan de Tim Cox (2003)

Il y a très longtemps, une météorite est tombée sur la Terre. Elle abrite une pierre dans ses entrailles : l'étoile du matin. C'était l'arme suprême. Mais la pierre disparut.
Des archéologues l'ont retrouvée ! Ah ! Ces archéologues qui exhument des horreurs oubliées !
Il s'agit de l'Arche des ténèbres : à l'intérieur la pierre !
Nous, les humains, sommes au sommet de la chaîne alimentaire depuis 40 000 ans. Désormais c'est terminé !
Cette créature est féroce, vorace et potentiellement invulnérable.
C'est d'ailleurs une imitation de Predator.
Donc des gens intéressés veulent l'utiliser comme une arme. Mais…
Le monstre s'échappe dans la base où il est étudié et produit.
L'histoire est donc un mélange d'Alien et de Predator, et aussi de The Thing : avec tous les ingrédients, le monstre terrifiant, l'endroit clos duquel on ne peut pas s'échapper (ce qui est valable aussi pour Predator, car les personnages sont coincés dans la jungle…)
Un commando est envoyé pour « nettoyer » le centre de recherches. Plus rien ne doit rester.
Le commando est commandé par une femme.
Le film est assez long à démarrer. Les dialogues sont très convenus. Il y a deux survivants quand le commando arrive. Il y a évidemment le savant fou (joué par John Savage) et les contradictions internes au commando qui vont s'avérer mortelles.
La bête a fait des milliers de petits.

Bataille finale entre la Belle et la Bête !

SkeletonMan de Johnny Martin (2004)
J'ai regardé la version anglaise.
Un squelette, à cheval, vêtu d'un vaste manteau noir à capuche sème la terreur parmi un commando chargé de l'éliminer. Un film complètement mal foutu. Mal monté. On se demande parfois ce que certains plans viennent faire dans l'histoire. Les lieux changent soudain brutalement, etc. Il y a de quoi rire ! Vu la carrière du réalisateur, j'imagine que le tournage et le financement de ce film ont dû rencontrer beaucoup de problèmes.
En prologue le SkeletonMan est apparu dans le laboratoire d'un archéologue qu'il a sauvagement exécuté. Soudain SkeletonMan sévit aussi dans une base militaire.
Il y a du monde au départ dans le commando. Un bon gisement de futures victimes. Avec de très jolies filles qui n'ont pas froid aux yeux. Les mises à mort sont faciles. Parfois assez éprouvantes.
On passe brutalement sur une autre scène : dans un camp indien, un sorcier tue beaucoup de monde et endosse la cape noire à capuche avant d'être lui-même tué.
La boussole s'affole et le commando a repéré SkeletonMan et s'apprête à l'assaut. Mais ça va encore durer longtemps.
La forêt est épaisse. Lors d'une scène, on voit flotter des « cotons » de peupliers ce qui suggère une forêt fluviale. Ce ne sera plus le cas ensuite. Donc les tournages ont dû avoir lieu dans des endroits différents. En sachant que

tous les films de cette série ont été tournés en Bulgarie.

L'intrigue tourne en rond. Parfois la caméra est subjective : le ,spectateur voit ce que SkeletonMan voit.

Soudain, un des soldats se trouve en milieu plus urbain, vole un camion-citerne (pour quoi faire ?) et SkeletonMan crée un accident. Je n'ai pas compté les morts, mais à 45 minutes de film, il y en a beaucoup.

C'est sans doute pourquoi ils ont ajouté deux autres personnages vite exécutés : des braconniers.

Ah voilà un hélicoptère civil. Mais SkeletonMan a un arc et tue les chasseurs présents dans l'hélicoptère et échappe à ses assaillants. Et… d'un coup de flèche il abat l'hélicoptère ! Nooon ? Siii ! Un blessé grave est soigné. Souvenirs de guerre.

Skeleton chevauche et les soldats tirent sur lui des milliers de balles sans aucun effet.

C'est dur la progression dans cette nature hostile… Le chef du commando découvre le cadavre d'un de ses hommes. Je crois comprendre que c'est le voleur de camion.

Mitraillage, mitraillage, chevauchée de SkeletonMan. On s'ennuie.

Ils ne sont plus que deux : le chef et la blonde. Le paysage et le climat ont changé ! La végétation aussi. Duel entre SkeletonMan et la blonde guerrière. Ils insèrent un plan qui montre un aigle en gros plan qui plane… Ils ont posé des mines qui explosent, mais SkeletonMan est invulnérable.

Un établissement industriel. SkeletonMan y pénètre. Il tue un pauvre ouvrier et continue de massacrer. SkeletonMan fait sauter des parties de l'usine. Le chef du commando récupère la blonde blessée. Il ne reste plus que lui !

La police arrive en force. Mais le chef dit que c'est l'affaire de l'armée des États-Unis d'Amérique ! C'est donc son affaire ! Il demande une arme et pénètre seul dans l'usine dont le sol est jonché de cadavres. SkeletonMan a toujours le dessus, mais le militaire US lui prépare un gros piège avec explosion gigantesque qui aura raison de lui.

MorphMan de Tim Cox (2004)
Deux jeunes ados parient qu'ils vont faire tomber un bœuf en échange d'un striptease de leurs deux copines. Mais le bovin semble « habité » par de mystérieux bruits écœurants. Il en sort une bestiole dégoûtante.

Puis on nous montre un jeune vétérinaire qui s'installe. Il rend visite à un éleveur dont les bêtes sont malades. La plupart des fermiers élèvent leurs bêtes avec de la nourriture fournie par l'entreprise qui leur achète les animaux. Eli Rudkus, le véto fait un prélèvement d'excrément de la vache et constate la présence de parasites. Alors qu'il est retourné chez lui, il étudie les bestioles en question, casse un verre et se coupe légèrement. Une goutte de sang tombe sur la table… Une des bestioles s'approche en se tortillant et absorbe la goutte se sang.

Il appelle le service hygiène et leur dit : « Ça ressemble à une douve du foie sans se comporter pareil. J'avais jamais rien vu de semblable. »

On avait vu une vieille dame avec son chien. On la revoit appelant son chien pour le nourrir. Mais il ne vient pas… Il est mort, dévoré de l'intérieur. Soudain, un froissement d'ailes et un animal volant attaque la dame. C'est la nuit.

Il y a un gigantesque barbecue et le réalisateur insiste avec de gros plans de gens qui mangent de la viande. Et filme une bestiole qui se balade sur les steaks hachés.

Un nouveau personnage apparaît : l'avocate de l'entreprise qui fournit la nourriture pour les vaches. Une belle blonde arrogante. Mais ce personnage est juste présent pour le décor.

Autre scène : un type tombe à l'eau et se noie. Au bord de l'eau, il y a un cadavre d'animal duquel sortent des bestioles. Eli l'a vu et craint que la personne qui a failli se noyer soit infectée.

À l'hôpital un homme infecté se présente. Le film montre comment ça se passe à l'intérieur du corps du malade.

Eli, le véto, prend conscience que les parasites proviennent de la nourriture fournie par l'entreprise. Le service vétérinaire `appelle Eli pour lui dire que l'échantillon de la bestiole qu'il a envoyé était inconnu : cette espèce n'est pas référencée !

Eli organise une réunion d'éleveurs pour leur demander de mettre leurs animaux en quarantaine. Et de ne plus utiliser la nourriture fournie par l'entreprise. Évidemment cela n'est pas accepté par les éleveurs. Le vétérinaire a trouvé un allié en la personne d'un éleveur qui l'appelle pour qu'il consulte une bête malade. Il la trouve éventrée avec un monstre qui lui sort du ventre... Ce « machin » a de grandes ailes de chauve-souris, c'est un vertébré qui dévore tout le monde.

À l'hôpital c'est un malade qui subit le même sort : un monstre lui sort du ventre ! De nombreux cas se multiplient.

Le patron de l'entreprise HTM qui fournit la nourriture aux animaux met Eli en accusation et demande au shérif de l'arrêter.

Le trio véto, éleveur et l'avocate qui a fini par prendre parti pour les éleveurs s'organise dans la guerre aux MorphMen... Il y a beaucoup de victimes, la terreur se répand. Le petit garçon du patron est dévoré par un monstre et le patron voit les choses autrement. Mais trop tard. Un policier « accouche » d'un monstre au poste de police et le shérif prend conscience du problème. Il rejoint le trio.

Les quatre mousquetaires auront raison de l'épidémie de monstres...

Making Of

Histoire inspirée de la maladie de la vache folle.

La mutation génétique mute les parasites de la vache, mais pas la vache.

C'est un hommage aux films des années 70.

Quelques vues du story-board. Utilisation des effets spéciaux numériques.

Tim Cox : « C'est un hommage et pas une parodie. (…) Il ne faut pas être trop sérieux, mais rester sincère… »

SnakeMan d'Allan A. Goldstein (2004)
Sous-titre : le prédateur.
Prologue : lors d'une expédition dans la jungle, il est découvert des sculptures. Apparition d'une monstruosité, pas visible, manifestée par le son et une caméra subjective. Vu les dégâts causés aux victimes, cette entité doit être très grande.
Des gens extraient une « espèce de sarcophage » de la rivière. Un « docteur « appelé dit en regardant : « je n'ai jamais rien vu de pareil. » Un Indien grimé, caché, regarde la scène. IIIl a le regard inquiet.
Le docteur demande aux gens d'ouvrir le sarcophage. Les Indiens cachés qui observent la scène bandent leur arc.
Le sarcophage contient un corps en décomposition. Un cri profond et bestial retentit dans la jungle.
New York : un conférencier présente la découverte faite par une importante firme pharmaceutique.Il présente le sarcophage et son contenu : « l'homme de l'Amazonie ».
Voici le docteur Rick Gordon et la doctoresse Susan Anters.
Après analyses, ils ont découvert que l'homme de l'Amazonie avait plus de 300 ans au moment de sa mort !
Il existerait une tribu qui descend de cet homme. Elle vit dans la jungle du Brésil. Une

équipe est constituée pour aller chercher cette tribu et étudier son ADN.

Nous voici donc dans la jungle (c'est tourné en Bulgarie, rappelons-le...) : un homme est blessé par une flèche et étouffé par un serpent géant. L'hélicoptère est frappé par un éclair et tombe dans la jungle sous une pluie battante. Une autre équipe est attaquée par un serpent géant. Les membres de l'équipe de l'hélicoptère sont menacés par les Indiens. Mais le pilote calme le jeu et les Indiens vont montrer le chemin.

Une scène avec une énorme araignée et un intermède avec un serpent géant qui croque un singe.

Différentes attaques du serpent géant à plusieurs têtes. Susan est enlevée par les Indiens et emmenée à leur village. Les survivants rencontrent un homme qu'ils croyaient mort, mais qui semble s'être adapté aux us et coutumes des gens du coin.

Susan promet au chef de tribu de faire revenir Covab (l'homme de l'Amazonie sorti de la rivière) elle joint son patron à New York par radio. Il lui promet de l'envoyer.

Après bien des pérégrinations, il est dit que le « don » de longévité ne doit pas quitter la tribu.

Mais, au lieu de Covab, le patron envoie un commando armé jusqu'aux dents.

Les deux autres survivants s'évadent, mais l'un est dévoré par le serpent, l'autre s'enfuit. Le chef de tribu emmène Susan dans la caverne de Nagra et l'eau de longue vie. Le serpent apparaît avec plusieurs têtes. Susan doit offrir l'eau de longue vie à Nagra.

Le commando arrive en hélicoptère et doit affronter le serpent géant à plusieurs têtes. Ils seront tous tués.

Le méchant se fera écarteler par quatre des têtes du serpent. Le secret de longue vie sera bien gardé.

SharkMan de Michael O Blowitz (2004) Avec Jeffrey Combs dans le rôle du docteur de l'horreur. On ne peut pas faire mieux.

(Voir également ci-dessus la chronique du film *Peur Bleue,* sur un requin mutant)

Un jeune couple plonge d'un bateau et se fait dévorer par un requin…

Un requin ???

Le docteur King joué par Jeffrey Combs porte une belle moustache.

Il dirige un laboratoire terrifiant qui soumet des êtres humains à de terribles expériences.

Ailleurs, il est beaucoup question d'argent dans de vastes bureaux avec une jolie biologiste.

Le docteur King a mis au point de drôles de manipulations génétiques dans son île paradisiaque. Cela ne manque pas de me faire penser à *l'île du docteur Moreau* (voir les films en annexe).

Il a créé un métis de requin marteau et d'être humain. Nous saurons plus tard que l'humain était son propre fils condamné par le cancer. On sait (moi je ne le savais pas) que les requins n'ont jamais le cancer. D'où le choix du requin marteau, avec en plus selon King, la

vue, la férocité et le phénoménal pouvoir de guérison.
King/Frankenstein tient son journal.
Tous les cobayes humains sont des femmes, car King veut créer la possibilité de procréer les requins/hommes par gestation dans le ventre des femmes... Il est très cruel avec ses cobayes : il ne se préoccupe pas de dépenser de l'anesthésiant et opère une césarienne à vif sur l'une d'elles alors que le bébé n'est pas viable. Ce qui me fait inévitablement penser au film *Le Monstre est vivant* et son remake et ses suites...
Le docteur King a invité ses financeurs à visiter ses installations.
Or il est très dangereux de se baigner dans ces eaux paradisiaques.
SharkMan est amphibie, il sévit aussi sur Terre.
Jeffrey Combs n'est pas très convaincant. Alors c'est peu dire du reste...
On apprend que l'azote serait la solution contre le monstre. Ne me demandez pas pourquoi, moi qui suis chimiste, car je ne sais pas.
« Personne ne contrôle cette chose », se plaint un des sbires de King. On note que, comme toujours dans ces films de série B ou Z, les sbires sont de très mauvais tireurs...
Les massacres se poursuivent et des militaires débarquent d'un hélicoptère. Mais ils sont aussi incapables que les autres. Il y a beaucoup d'action. Le héros est un peu trop grassouillet et à trois ils ont raison d'une armée entière

avec les armes volées à l'ennemi. Le scénariste ne se foule pas trop.
Dr King est évidemment indestructible.
Le grassouillet s'en est sorti : va-t-il sauver la fille, la belle brune biologiste dont Paul, le fils de King fut amoureux ?
King déclare : « Maintenant je vais faire évoluer l'espèce humaine ! »
Parce qu'il a l'idée de féconder la fille dont SharkMan est toujours amoureux !
La créature se révolte contre son créateur (Voir *Frankenstein*), bien sûr...

Making Of
« Mon nom est Michael O Blowitz et d'ici la fin du tournage on m'appellera *Ed Wood Junior* ! » (Voir annexes)
Le film a été tourné en Bulgarie alors que la température extérieure était de 5 °C et que l'intrigue se déroule en milieu tropical !
Une interview de Jeffrey Combs...
Superbe making of !

Horribilis (Slither) de James Gunn (2005)
Un petit film très agréable pour les amateurs d'horreur. On ne s'ennuie pas même si le film consiste à accumuler les références aux films de zombies et à toute une série de films avec des bestioles dégueulasses comme les limaces tueuses ou autres - y compris au film de David Cronenberg *Frissons* (1975) -, et, il faut le dire, avec une certaine audace humoristique, mais d'un humour noir et sanglant.
Le réalisateur rend même hommage à son ancienne boîte, « Troma », la légendaire société de production de films Z tellement nuls qu'ils

en deviennent des chefs-d'œuvre. Dans *Horribilis* on voit donc à la télé un extrait de *Toxic Avenger*... James Gunn a aussi fait ses lettres de noblesse en écrivant le fameux *Armée des morts*... Il sait donc de quoi il parle...
Et surtout, restez bien jusqu'à la fin du générique où une surprise vous attend !

Isolation de Billy O'Brien (2006)
« Dans la campagne on ne vous entend pas crier. »
Ce film SF d'horreur a obtenu le grand prix du festival Fantastic'arts de Gérardmer en 2006. Et il le mérite bien.
Figure-vous que Billy O'Brien réussit à vous faire peur dans une ferme irlandaise pleine de vaches... Il faut le faire ! Une mutation due à des manipulations génétiques engendrant un monstre.
Les références à *Alien le 8ᵉ passager* sont nombreuses et sérieuses. La ferme, lieu clos, mais complexe est claustrophobique et le monstre circule dans les canalisations à purin. Mais ne riez pas et achetez le DVD ou regardez-le quand il passe à la télé : c'est un vrai chef-d'œuvre...
C'est filmé avec grand art, de manière efficace, chaque plan est surprenant et la gestion du silence et de l'attente est formidable pour créer la peur... Ce genre de film est très difficile à faire. En général, pour contourner la difficulté, le réalisateur utilise le comique et le grand guignol, ce qui est assez facile. Mais ici, Billy O'Brien n'a pas choisi la facilité et il a parfaitement réussi.

Predators de Nimrod Antal (2009)
Un film de série B assez intéressant.
Des humains sont parachutés sur une planète infestée de Predators pour leur servir de gibier. On passe un bon moment. Les Prédators sont bien rendus. Je n'aime pas trop l'acteur Adrian Body dans ce rôle...

Alien War : Stranded de Roger Christian (2013)
Une base lunaire est frappée par une pluie de météorites et ne peut plus joindre la Terre.
Les cosmonautes ramènent dans la base un gros caillou, un météorite, pour l'analyser.
Aïe, pas de bol : il y a une femme dans l'équipe. Elle est donc « fécondée » par des spores provenant de la météorite et engendre un monstre.
On avait vu pas mal de films avec le même thème.
Y a de l'ambiance.
La fin peut déplaire, mais on fait ce qu'on peut...

Filmographie extraterrestre

Extraterrestres
Le Voyage dans la Lune de Georges Méliès (1902) – **Aelita**de J. Protozanov (1924) – **La Chose d'un autre monde** de Christian Nyby (1951) – **Le Jour où la Terre s'arrêta** de Robert Wise (1951) – **Les Envahisseurs de la planète rouge** de William Cameron Menzies (1953) – **La Guerre des mondes** de Byron Has{in (1953) – **Le Météore de la nuit** de Jack Arnold (1953) – **Les Survivants de l'infini** de Joseph Newman (1955) – **Le Monstre** de Val Guest (1955) – **L'Invasion des profanateurs de sépulture** de Don Siegel (1956) – **Le Satellite mystérieux** (Koji Shima) 1956 – **Les Soucoupes volantes attaquent** de Fred F. Sears (1956) – **Prisonnières des Martiens** d'Inoshiro Honda (1957) – **La Marque** de Val Guest (1957) – **À des Millions de kilomètres de la Terre** de Nathan Juran (1957) – **The Blob** d'Irvin S. Yeaworth (1958) – **Le Village des damnés** de Wolf Rilla (1960) – **Le Monstre aux yeux verts** de Romano Ferrara (1961) – **La Planète des hommes perdus** d'Antonio Margheriti (1961) – **La révolte des Triffides** de Steve Sekely et Freddy Francis (1962) – **Children of the damned** d'Anton M. Leader (1963) – **Les Premiers hommes sur la Lune** de Nathan Juran (1964) – **Le Ciel sur la tête** de Yves Ciampi (1964) – **La Planète des vampires** de Mario Bava (1965) – **Les Daleks envahissent la Terre** de Gordon

Flemyng (1966) – ***Invasion planète X*** d'Inoshiron Honda (1966) – **Les Monstres de l'espace** de Roy Ward (1967) – **La Nuit de la grande chaleur** de Terence Fisher (1967) – **Signal une aventure dans l'espace** de Gottfried Kolditz (1970) – **Solaris** d'Andreï Tarkovski (1972) – **L'Homme qui venait d'ailleurs** de Nicolas Rœg (1976) – **Rencontres du troisième type** de Steven Spielberg (1977) – **La Guerre des étoiles** de Georges Lucas (1977) – **L'Invasion des profanateurs** de Philip Kaufman (1978) – **Superman** de Rochard Donner (1978) – **Stalker** d'Andreï Tarkovski (1979) – **Alien le huitième passager** de Ridley Scott (1979) – **Star Trek le film** de Robert Wise (1979) – **ET l'estraterrestre** de Steven Spielberg (1982) – **The Thing** de John Carpenter (1982) – **Xtro** de Harry Bromley Davenport (1982) – **Les Envahisseurs sont parmi nous** de Michael Laughlin (1983) – **Cocoon** de Ron Howard (1985) – **2010 odyssée 2** de Peter Hyams (1985) – **Lifeforce** de Tobe Hooper (1985) – **Starman** de John Carpenter (1985) – **L'Invasion vient de Mars** de Tobe Hooper (1986) – **Enemy** de Wolfgang Petersen (1986) – **Aliens, le retour** de James Cameron (1986) – **Predator** de John Mac Tiernan (1987) – **Creepshow 2** de Geroge A. Romero (1987) – **Invasion Los Angeles** de John Carpenter (1988) – **Le Blob** de Chuck Russel (1988) – **Hidden** de Jack Sholder (1988) – **Futur immédiat** de Graham Baker (1988) – **Abyss** de James Cameron (1988) – **Dark Angel** de Craig R. Baxley (1990) – **Simple Mor-**

tel de Pierre Jolivet (1991) – **Alien ³** de David Fincher (1992) – **Predator 2** de Stephen Hopkins (1991) – **Body Snatchers** d'Abel Ferrara (1993) – **Les Tommyknockers** de John Power (1993) – **Time Master** de J. Glickenhaus (1944) – **Hidden 2** de Seth Pinsker (1994) – **Le Village des damnés** de John Carpenter (1994) – **Les Marrrrtiens** de Patrick Johnson (1994) – **Stargate** de Roland Emerich (1994) – **Les Maîtres du monde** de Sturat Orme (1995) – **La Mutante** de Roger Donaldson (1995) – **Dark Breed** de Pepin Richard (1995) – **Annihilator** de Michael Chapman (1995) – **La Belle verte** de Coline Serreau (1996) – **The Arrival** de David Twohy (1996) – **Independence Day** de Roland Emerich (1997) – **Demain un autre monde** de Jorge Montesi (1997) – **Mars Attacks !** de Tim Burton (1997) – **Progeny** de Brian Yuzna (1997) – **Sphere** de Barry Levinson (1997) – **Men in black** de Barry Sonnenfeld (1997) – **Alien la résurrection** de Jean-Pierre Jeunet (1997) – **Le Cinquième élément** de Luc Besson (1997) – **Starship Troopers** de Paul Verhœven (1998) – **The Second Arrival** de Kevin S. Tennay (1998) – **Dark City** d'Alex Proyas (1998) –**La Mutante 2** de Peter Medac (1998) – **The X-files** de Rob Bowman (1998) – **Perdus dans l'espace** de Stephen Hopkins (1998) – **Virus** de John Bruno (1998) – **The Faculty** de Robert Rodriguez (1999) – **Wing Commander** de Chris Roberts (1999) – **Mission to Mars** de Brian de Palma (1999) – **Intrusion** de Rand Ravich (2000) – **Planète rouge** d'Anthony Hoffman (2000) – **Pitch**

Black de David Twohy (2000) – **Evolution** d' Ivan Reitman (2001) – **Men in Black 2** de Barry Sonnenfeld (2002) – **Undead** de Michael et Peter Spierig (2002) – **Alien Vs Predator** de Paul Anderson (2004)

Mais aussi des films TV comme : **Le Monstre évadé de l'espace – Le Seigneur du temps** (Geoffroy Sax) – **Ils sont parmi nous – Invasion** (A. Mastroianni) – **etc.**

Cette filmographie s'arrête en 2004.

Index

2010 odyssée 2 92

A des Millions de kilomètres de la Terre 91

Abyss 34, 92

Aelita 91

Alien....25, 43, 45, 71, 77

Alien : Covenant 25, 48, 63

Alien 3.......46, 51, 93

Alien 4 la resurrection 35

Alien la créature des abysses 63

Alien la résurrection .46, 54, 70, 93

Alien le huitième passager............92

Alien Vs Predator 35, 46, 56, 69, 94

Alien War Stranded 90

Alien, le 8e passager 5, 22

Alien³..................... 35

Aliens Vs Predator : Requiem 46, 56

Aliens Vs Predator Requiem 36, 69

Aliens, le retour 34, 46, 48, 92

Anderson Paul .. 56, 94

Annihilator 93

Antal Nimrod 89

Antre de la folie (L') 33

Arrival (The) ... 93

Assaut.................. 31

Avatar.................. 34

Aventures d'un homme invisible (Les)...................... 73

Aventures de Jack Burton dans les griffes du mandarin (Les)......32

Aventures d'un homme invisible (Les)......33

Bava Mario......43

Belle verte (La)......93

Bête d'un autre monde (La)......38

Blade Runner......25

Blob (Le)..71, 91, 92

Body Bags......33

Body Snatchers......93

Bowman Rob......71

C.H.U.D.......68

Cameron James......34

Carpenter John 29, 46

Cheek Douglas...68

chest-burster...6, 49

Children of the damned......91

Chose d'un autre monde (La)...38, 43, 56, 58, 71, 91

Chose d'un autre monde (La), bien......21

Chose d'un autre monde (La)......39

Christian Roger.90

Christine......32

Ciel sur la tête (Le)......91

Cinquième élément (Le)...93

Cité des enfants perdus (La)......34

Clark Greydon...65

Cocoon......92

Combs Jeffrey...73

Corps et le fouet (Le)......22

Cox Tim....73, 77, 80

Creepshow 2 ... 92

Cri dans l'océan (Un) 69

Cthulhu 61

Daleks envahissent la Terre (Les) 91

Dark Angel 93

Dark Breed 93

Dark City 93

Dark Star 30

Delicatessen 34

Demain un autre monde 93

Donaldson Roger 69

Enemy 92

Envahisseurs de la planète rouge (Les) 91

Envahisseurs sont parmi nous (Les) 92

ET l'estraterrestre 92

Étrange Histoire de Benjamin Button (L') 35

Fabuleux destin d'Amélie Poulain (Le) 35

face-hugger . 6, 49

Faculty (The) .. 93

Fangland 33

Ferrara Abel 93

Fog 31

Francis Freddy ... 91

Futur immédiat 92

Ghosts of Mars 33

Gremlins 71

Guerre des étoiles (La) 92

Guerre des mondes (La) ... 91

Guest Val 43

Guest Val 76

Gunn James 88

Halloween 31

Hannibal 25

Hercule contre les vampires 22, 43

Hidden 46, 68, 92

Hidden 2 93

Hollow Man 72

Homme invisible (L') 73

Homme qui venait d'ailleurs (L') 92

Horde sauvage .. 33

Horribilis (Slither) 88

Hyams Peter 70

Independence Day 71, 93

Invasion de Los Angeles 32

Invasion des profanateurs (L') 92

Invasion des profanateurs de sépulture (L') .. 91

Invasion Los Angeles 92

Invasion planète X 92

Invasion vient de Mars (L') 92

Isolation 88

Jeunet Jean Pierre 54

Jour où la Terre s'arrêta (Le) 91

Jurassic Park 71

Kolditz Gottfried 92

l'île du docteur Moreau 86

Legend 25

Lifeforce 92

Los Angeles 2013 33

Lovecraft 38, 43

Maîtres du monde (Les) ... 93

Margheriti Antonio 91

Marque (La) 21, 43, 91

Marrrrtiens (Les) 93

Mars Attacks ! 93

Martin Johnny 78

Masque du démon (Le) 22

Men in black 93

Men in Black 2 94

Menzies William Cameron 91

Mesa William 69

Météore de la nuit (Le).............91

Monstre (Le) ..43, 76, 91

Monstre aux yeux verts (Le)
...............................91

Monstres de l'espace. (Les) ..21, 43, 92

Montagnes hallucinées (Les)
..........................38, 56

Morphman 73

MorphMan.........80

MosquitoMan 74, 75

Mutante (La).. 69, 93

Mutante 2 (La)
...............................93

New York 1997
.... 31

Nuit de la grande chaleur (La) 92

Nuit des masques (La) . 31

Nyby Christian... 39

O Blowitz Michael
.... 85

O'Brien Billy 88

Oblowitz Michael
.... 73

Perdus dans l'espace............. 93

Piranha 2 34

Planète des hommes perdus (La) 91

Planète des vampires (La) 43, 91

Planète des vampires (La) 22

Planète interdite 71

Predator .68, 77, 92

Predator 2 .....68, 93

Predatorman 73

PredatorMan 77

Predators 89

Premiers hommes sur la Lune (les) 91

Prince des ténèbres 32

Prisonnières des Martiens 91

Progeny 93

Prometheus 5, 25, 60

Quatrième dimension (La) ..21

Relic 70

Rencontres du troisième type 92

Resident Evil 35

Retour de l'Homme invisible (Le) 73

Retour des morts-vivants (Le) 71

Revanche de l'Homme invisible (La) 73

Révolte des Triffides (La) .. 91

Satellite mystérieux (Le) 91

Scarabée 69

Scott Ridley . 45, 60, 63

Second Arrival (The) 93

Sekely Steve 91

Sessego Marc ... 9

Seul sur Mars 25

Seven 35

Sharkman 73

SharkMan 85

Shima Koji 91

Sholder Jack 68

Signal une aventure dans l'espace 92

Simple Mortel . 93

Six femmes pour l'assassin 22

Skeleton Man 73

SkeletonMan 78

Skyline 36

SnakeMan 73

Solaris 92

Sommers Stephen 69

Sonnenfeld Barry 94

Soucoupes volantes attaquent (Les) 91

Space Jokey 5

space-jokey . 6, 49

Sphecidae 5

Sphere 93

Spierig Michael et Peter 94

Stalker 92

Star Trek le film 92

Stargate 93

Starman 32, 92

Starship Troopers 93

Strause Colin et Greg 46, 56, 69

Superman 92

Survivants de l'infini (Les) 91

Takacs Tibor. 74, 75

Terminator 34

Terminator 2 ... 34

Terreur dans le Shangaï express 39

Terreur extra-terrestre 65

The Thing 36

The Ward 33

Thing (The) 32, 43, 46, 58, 71, 77, 92

Tiernam Marc 68

Time Master 93

Titanic 34, 70

Tommyknockers (Les) 93

Toxic Avenger 88

Trois visages de la peur (Les) 22

True Lies 34

Undead 94

Vampires 33

Van Heijningen Jr Matthijs 58

Verhœven Paul .. 72

Village des damnés (Le) ... 33, 91, 93

Virus 93

Voyage dans la Lune (Le) 91

Wing Commander 93

X-Files 71, 93

Xtro 92

Zodiac 35

www.ingramcontent.com/pod-product-compliance
Lightning Source LLC
Chambersburg PA
CBHW051347040426
42453CB00007B/458